국역 해동외사
- 난세의 23인과 16개 지역 -

윤행임 지음 / 이승준 옮김

海東外史

국역 해동외사

난세의 23인과 16개 지역

윤행임 지음 · 이승준 옮김

시간의물레

‖ 머리말 ‖

1. 『해동외사』에 대해

『해동외사海東外史』는 윤행임尹行恁(1762~1801)이 지은 역사서이며 윤행임의 문집 『석재고碩齋稿』에 수록되어 있다. '외사外史'라는 말을 쓴 이유는 관찬官撰이 아닌 사찬私撰 역사서이기 때문이다. 『해동외사』에는 서문이 없어서 저술한 명확한 동기를 알 수 없다. 그러나 그 내용은 대체로 임진왜란과 정묘·병자호란 등 난세에 활동했던 23명의 인물과 16개소 지명에 관한 것이다.

먼저 『해동외사』에서 가장 큰 비중을 차지하는 것은 정묘·병자호란과 관련된 인물들이다. 대략적인 내용을 살펴보면 황공黃功·전호겸田好謙·강세작康世

爵·문가상文可尙 등은 청나라에 반감을 품고 조선으로 귀화한 인물들이며, 경하창慶河昌은 여진 사람임에도 청나라에 대항했던 인물이다. 안극함安克諴·김우석金禹錫·정봉수鄭鳳壽·이형익李亨翼·나덕헌羅德憲 등은 조선 사람으로 정묘·병자호란 당시 의병을 일으키거나 절의를 지키고자 척화를 주장했던 인물들이다.

다음으로 임진왜란과 관련된 인물들을 살펴보면 홍순언洪純彦은 명나라가 조선에 파병하는 데 큰 역할을 한 인물이고, 서산대사西山大師·백대붕白大鵬 등은 왜군과 싸웠던 인물이다. 이외에도 안용복安龍福·최노崔老·박태성朴泰星 등은 양난과 관련은 없으나 나라를 위해 공을 세우거나 효성을 다한 인물들이다.

지명으로는 전횡도田橫島·비홍호飛鴻湖·구봉산九峯山·창해滄海·오국성五國城·가도椵島·조령鳥嶺 등의 위치와 연혁 등이 소개되어 있는데 이 지명들은 대체로 조선과 중국 간의 역사적인 사건과 관련되어 있다는 공통점을 가지고 있다.

이로 보건대 윤행임이 『해동외사』를 저술한 뜻은 양난 시기를 비롯하여 난세에 공업을 세우고도 제대로 조명받지 못한 인물과 대명의리를 지켰던 인물을 추숭하고 정사正史에서 상대적으로 잘 다루지 않았던 지명을 기록하여 우리 역사를 보다 세세히 연구하는 데 있었음을 알 수 있다.

윤행임에 대한 학계 연구는 활발히 이뤄지고 있지만, 그의 저작인 『해동외사』에 대한 연구는 아직까지 연구가 많이 부족한 실정이다. 『해동외사』를 번역하게 된 동기는 바로 여기에 있다. 역자의 이러한 노력이 윤행임에 대한 연구에 조금이라도 보탬이 될 수 있으면 좋겠다는 작은 바람을 가지고 있다.

2. 저자 윤행임은 어떤 인물인가

석재碩齋 윤행임은 조선 정조正祖 때 문관으로 정조의 최측근으로 활동했던 인물이다. 윤행임의 한자 이름은 본래 '행임行任'이었지만 1794년(정조 14) 당시 5세였던 왕세자(순조)가 윤행임의 '임任' 자를 '임恁' 자로 쓰자 정조의 명에 따라 윤행임의 한자 이름은 '행임行恁'이 되었다. 윤행임은 1782년(정조 6) 12월 21세의 나이로 문과에 급제하면서 관직 생활을 시작했다.

윤행임의 본관인 남평 윤씨는 파평 윤씨에서 나온 성씨이다. 윤행임의 11대조 윤은尹訔은 과거에 급제하지 못했지만 후대에는 연이어 급제자가 나왔다. 윤행임의 7대조 윤섬尹暹은 이이의 문인으로 임진왜란 당시 성주에서 전사하였고, 6대조 윤형갑尹衡甲은 광해군이 인목대비를 폐비하였을 때 원통한 마음을 가지고 스스로 목숨을 끊었다. 5대조 윤계尹棨는 병자호란 당시 포로가 되어 최후를 맞이했는데, 그의 동생이 바로 삼학사로 유명한 윤집尹集이다. 윤계·윤집 형제의 후손은 병자호란 이후 과거에 급제하지 못하였지만 가문 대대로 반청反淸 의식과 명나라에 대한 의리를 고수하였다. 윤행임 역시 이러한 가풍을 계승했다.

대대로 절의를 숭상한 가문의 후손이었으므로 정조는 윤행임에게 각별한 관심을 가졌다. 윤행임이 관직 생활을 시작한 이듬해 1783년 초계문신抄啓文臣으로 선발되었다. 그해에 정조가 윤행임에게 '석재'라는 호를 내려주었다. 석재는 『주역』의 '큰 과일이 먹히지 않은 것이니, 군자는 수레를 얻고 소인은 집을 허문다碩果不食 君子得輿 小人剝廬'는 구절에서 인용한 것으로 자기 자신의 욕심을 버리고 자손에게 복을 준다는 의미를 가지고 있다.

1788년(정조 12) 승정원의 하인들 사이에서 다투는 사건이 일어났을 때 정조는 전임 주서注書였던 윤행임에게도 일정 부분 잘못이 있다고 여겨 그를 충청도로 유배 보낸 적이 있었지만 역병이 돈다는 보고를 받자마자 유배를 풀어주었다. 그만큼 정조는 윤행임을 아꼈다. 정조의 지도와 배려를 받으면서 윤행임은 정조가 신뢰하는 팔다리와 같은 관료로 성장했다. 1795년(정조 19) 정조가 혜경궁 홍씨를 모시고 사도세자의 능원인 현륭원으로 행차할 때 일의 전반을 윤행임이 맡았을 정도로 윤행임은 정조의 신임을 받았다. 그해에 정조의 명으로 유득공柳得恭과 『이충무공전서李忠武公全書』를 간행했다.

윤행임의 업무 능력은 매우 탁월했던 듯하다. 이유원李裕元의 『임하필기林下筆記』에는 정조가 춘당대春塘臺에 거둥할 때 승지였던 윤행임이 정조를 수행했는데 전교를 받들어 쓰면서 수레에서 내릴 때까지의 그 많은 전교가 조금도 착오가 없었다면서 그 총명함이 이와 같았다고 전한다.

1800년 정조가 세상을 떠나자 정순왕후貞純王后는 수렴청정하면서 '선왕께서 마음을 의탁하신 믿을 만한 신하先王所託心膂之臣'라고 하면서 윤행임을 도

승지로 발탁했다. 이후 윤행임은 이조판서·예조판서·대제학 등을 역임했지만 천주교도의 처벌 입장에서 차이를 보이는 등 벽파僻派와 정치적으로 대립하면서 1801년(순조 1) 5월 전라도 관찰사로 좌천되었고 부임한 지 며칠 만에 전라도 강진 신지도薪智島로 유배 되었다가 임시발任時發 괘서 사건에 연루되어 유배지에 사사되었다. 사후 1835년(헌종 1) 순원왕후純元王后의 특명으로 관작이 회복되었고, 1858년(철종 9)에는 영의정으로 추증되었으며 1863년(철종 14)에는 시호 '문헌文獻'을 받았다.

차 례

1. 이원 ……………………………………… 15
2. 황공 ……………………………………… 23
3. 전호겸 …………………………………… 30
4. 강세작 …………………………………… 36
5. 문가상 …………………………………… 39
6. 안용복 …………………………………… 42
7. 허격 ……………………………………… 49
8. 호극기 …………………………………… 53
9. 경하창 …………………………………… 57
10. 박연 ……………………………………… 63
11. 안극함 …………………………………… 67
12. 백대붕 …………………………………… 74
13. 김우석 …………………………………… 77
14. 마순상 …………………………………… 80

차 례

15. 홍순언 ················· 83
16. 나덕헌 ················· 87
17. 서산대사 ················· 99
18. 정봉수 ················· 112
19. 이형익 ················· 122
20. 전만거 ················· 126
21. 윤담 ················· 130
22. 박태성 ················· 133
23. 최노 ················· 136
24. 전횡도 ················· 141
25. 비홍호 ················· 145
26. 구봉산 ················· 148
27. 창해 ················· 153
28. 오국성 ················· 159

차 례

29. 가도 ················ 163
30. 숙신씨의 옛 성 ················ 169
31. 유인궤성 ················ 173
32. 오륙도 ················ 176
33. 급수문 ················ 187
34. 팔거성 ················ 191
35. 양암 ················ 194
36. 재궁동 ················ 202
37. 금오산 ················ 205
38. 양릉정 ················ 211
39. 조령 ················ 219

【참고사항】

번역문은 최대한 원문의 뜻을 따르도록 했으며, 『해동외사』의 원문은 한국고전번역원의 한국문집총간 『석재고』를 저본으로 했다. 번역문의 문장부호는 다음과 같다.

『 』- 책명
「 」- 편명
' ' - 강조 또는 간접적인 인용 또는 대화 속의 대화
" " - 대화체
· - 인명 등 명사의 병렬

주석은 설명이 필요한 고사나 단어 등을 주로 표기했다.

1. 이원

  이원李源은 철령위鐵嶺衛 사람이다. 가계는 농서隴西에서 나왔으며, 그 선조는 요나라와 금나라의 난리 때 고려 땅으로 피난하였다. 위원군渭原郡에 살면서 이영李英 대에 이르렀을 때, 이영은 홍무洪武 6년(1373)에 내부內附하여 철령위지휘첨사鐵嶺衛指揮僉事에 제수되었다. 아들 이문빈李文彬·손자 이춘미李春美·증손 이경李涇은 모두 첨사 직위를 세습하였다. 이경에게는 아들이 있었는데 이성량李成樑이라 하였으며 전공을 세워 영원백寧遠伯에 봉해지고, 이여송李如松을 낳았다. 임진년(1592)의 싸움 때 이여송은 제독계요보정산동제군提督薊遼保定山東諸軍으로서 정벌에 나서서 크게 승리하고 태자태부太子太傅·중군도독부좌도독中軍都督府左都督에 올랐으나, 무술년(1598)에 토만土蠻 정벌에 나섰다가 사망하였다. 이때 나이가 50세였다. 사망했을 당시에 그 아들에게 부탁하여 우리나라에 투항하라고 하였는데, 대개 천하 일을 어찌해 볼 수 없었음을 알았기 때문이다. 아들 이성충李性忠은 이여송을 따라 죽었으며 이성충의 아들 이응조李應祖는 갑신년(1644)의 변고[1]를 당하여 가족을 이끌고 우리나라로 귀화했다. 회양부淮陽府에 거주하면서 목동들과 섞여 살았는데 그의 손자 이원에 이르러서 비로소 조정에서 이를 듣고 무과에 급제시켜서 풍천부사豊川府使로 삼았다. 처음에 이원이 회양에 있었을 때 사람들은 이원이 영원백의 손자인 것을 알지 못하였고, 이원 또한 이를 말하지 않았다. 이 때문에 사람들은 모두 그를 가벼이 여겼다. 이원이 이장里長을 만나면 번번이 먼저 절하였지만, 이장은 답배答拜하지 않았다. 후에 이원이 밭을 갈고 있었는데 이장이 갑자기 먼저 절을 하자 이원이 매우 놀라 말하기를 "이장께서는 어찌 이리 공손하십

---

[1] 이자성의 난으로 명나라가 멸망한 연도이다.

니까"라고 하였다. 이장이 말하기를 "조정에서 당신을 찾고 있습니다"라고 했다. 이원은 역마를 타고 한양에 이르렀다. 금상今上 기유년(1789) 제독이 태어난 날짜에 명하여 제독의 사당을 짓고 소뢰小牢[2]를 갖추었다.

친히 뇌문誄文을 지으니, 글로써 흠향하기를 바랍니다. 생각건대 숭정 기원후 162년이 되는 해인 기유년 12월 임자삭壬子朔 11일 임술壬戌에 조선국왕은 삼가 신하 모某를 보내 제독계요보정산동등처방어왜군무총병관提督薊遼保定山東等處防海禦倭軍務摠兵官·중군도독부좌도독中軍都督府左都督·태자소보太子少保 증贈 영원백寧遠伯 충렬忠烈 이공李公에게 밝게 고합니다.

삼가 옛날 공이 왔을 때, 우리나라 사람들은 머리를 조아리며 탄식하기를 "큰 나라는 부모의 나라이니, 공이 빨리 오지 못하였다면 우리는 살기를 도모할 수 없었을 것이다"라고 하였습니다. 공의 은혜는 우리를 보살

---

2) 나라에서 제사 지낼 때 양을 바치는 의식을 말한다.

피는 울타리였습니다. 당시 공의 나이는 겨우 40세가 넘었는데, 구갑舊甲이 4번 돌아왔고, 마침 12월이라 하늘에는 눈바람이 가득하였습니다. 요동과 계薊 지역의 벌판은 아득하고, 무양巫陽은 널리 초혼招魂합니다. 운기雲旂와 하륜霞輪은 희미하고, 노기는 하나로 맺혔습니다. 괴이한 빛은 칼과 같고, 칼로 획을 그은 것처럼 뜻이 있는 선비는 눈을 흘기고 있습니다. 음양은 사라져 가는데, 이날이 무슨 날이었습니까. 갑옷을 입은 군사는 분주히 달려가고, 가죽으로 만든 북이 울리며 큰 술잔을 올리자, 우리나라 사람들이 머리를 조아립니다. 우리나라 사람들이 탄식하기를 "덕에 보답하고 싶구나"라고 하였습니다. 해마다 이날에는 집마다 제사를 지내고 있습니다. 공의 영혼은 우리나라에 있으며 우리 산하를 굳세게 해주었습니다. 우리에게 수복壽福을 주었고, 우리가 받은 은혜는 많았습니다. 삼가 희생과 술과 서품庶品으로 경건하게 베풀고 밝게 바치니 흠향하소서.[3]

---

3) 이 제문은 정조의 문집 『홍재전서』에도 실려 있다. (『홍재전서』 권21, 제문祭文, 「제독이공여송묘치제문提督李公如松廟致祭文」)

특별히 이원을 가선대부嘉善大夫·오위도총부五衛都摠府의 부총관副摠管으로 발탁하자 온 조정이 감격하여 눈물을 흘리는 자도 있었다. 2년 후 이원은 경상우도병마절도사慶尙右道兵馬節度使에 제수되었고, 5년 뒤에는 특별히 함경북도병마절도사咸鏡北道兵馬節度使에 제수되었다. 조정의 신하들이 말하기를 "이원은 술 마시기 좋아하여 군사를 훈련하지 않기 때문에 북방의 군사와 말을 이 사람에게 맡길 수는 없습니다"라고 하자, 임금이 말하기를 "만약 이여송 제독이 없었다면 팔도는 어육이 되었을 것이다. 비록 이원이 한 편으로 잘못이 있겠지만 어떻게 팔도를 버릴 수 있겠는가"라고 하였다. 조정의 신하들은 숨죽이고 감히 말하지 못하였다. 이원은 장신에다가 수염이 아름다웠고 풍채는 늠름하여 북방의 기운이 있었다. 아들 이효승李孝承 또한 무과로 나아가 지금은 절충장군折衝將軍이 되었다. 「어제이제독치유지문御製李提督致侑之文」을 읽고서 눈물을 흘리지 않으면 사람의 마음이 없는 자이다. 이원은 중국의 남겨진 인물이었고 우리나라에 몸을 의탁하였음에도 사람들은 전혀 알지 못하였다. 금상께서 오랫동안 발탁되지 못한 이원을 발탁하셨고, 수년 만에 계급을 뛰어넘어 자헌대부資憲大夫에 이르렀다. 대장大將으로 자주 남북을 진수鎭守하였으니 성대하도다. 공로에 보답하는 노고의 성대한 덕과 지극한 선은 온 세상에서 만세토록 길이 칭송받을 것이다.

【原文】

李源者, 鐵嶺衛人也. 系出隴西, 其先當遼金之難, 避地高麗, 居渭原郡. 傳至英, 洪武六年, 內附授鐵嶺衛指揮僉事. 子文彬, 孫春美, 曾孫涇, 俱襲僉事. 涇有子曰成樑, 以戰功封寧遠伯, 生如松. 壬辰之役, 如松提督薊遼保定山東諸軍以征之, 旣捷, 加太子太傅中軍都督府左都督. 戊戌, 征土蠻而死, 時年五十. 死時囑其子投東國, 盖知天下事不可爲也. 子性忠從如松死, 性忠之子應祖, 當甲申之變, 拔宅東歸, 居淮陽府. 混於樵牧, 至其孫源, 始聞於朝, 登武科爲豊川府使. 初源在淮陽也, 人不知源爲寧遠伯之孫也. 源亦不自言, 故人皆輕之. 源見里長, 輒先拜, 里長不答拜. 後源耕於野, 里長忽先拜. 源大驚曰, 里長何其恭也. 里長曰, 朝廷訪君矣. 源乘傳至京. 今上己酉, 以提督生年, 命建提督祠, 具小牢, 親綴誄文以侑之曰, 維崇禎紀元後百六十二年歲次己酉十二月壬子朔十一日壬戌, 朝鮮國王, 謹遣臣某, 敢昭告于有明上柱國光祿大夫提督薊遼保定山東等處防海禦倭軍務総兵官中軍都督府左都督太子少保贈寧遠伯諡忠烈李公. 伏以昔公來思, 東人稽首, 稽首曰咨, 大邦父母, 公來不疾, 我不圖存, 我公之惠, 我朝我藩, 維時公年, 纔逾強仕, 舊甲四屆, 月維十二, 滿天風雪, 遼薊莽蒼, 巫陽廣招, 迯矣遐荒, 雲旂霞輪, 有無冉冉, 怒氣壹欝, 光恠如劍, 如劍如畵,志士眦裂，陰陽消息，是日何日，介冑駿奔，鼉鼓殷殷，大酒以酹，稽首東人，東人日咨，欲報之德，年年是日，家尸戶祝，公靈在東，壯我山河，福我壽我，受言孔多，謹以牲醴庶品，式陳明薦，尚饗．特擢源爲嘉善大夫五衛都捴府副捴管，廷中感激，有泣下者．後二年，源拜慶尙右道兵馬節度使．後五年，特授咸鏡北道兵馬節度使．廷臣有言源嗜酒，不習戎事，北方士馬，不可以付此人也．上曰，若無李提督，八路其魚矣．雖源誤一方，何如八路之棄耶．廷臣悚息，無敢言者，源長身美鬚髥，風姿凜然，有幽朔之氣．子孝承亦以武進，今爲折衝將軍．讀御製李提督致侑之文而不涕者，無人心也．源以中國之餘，寄身東土，人不甚知也．今上拔之郞潛，數歲中超遷至資憲大夫，以大將屢鎭南北，於乎盛哉．酬功報勞之盛德至善，其永有辭於天下萬世也．

2. 황공

　황공黃功은 절강浙江 사람이다. 일찍이 전당錢塘에서 관직을 지냈으며 갑신년(1644)의 난리 때 우리나라로 귀순하여 동지중추부사同知中樞府事가 되었다. 정미년(1667)에 천주泉州 사람 진득陳得·임인관林寅觀 등 95명이 배에 짐을 싣고 일본으로 가는 중에 표류하여 탐라에 이르렀다. 영력永曆 17년 대통력大統曆을 가지고 있었고, 의관은 오랑캐 제도를 따르지 않았다. 수령이 이를 심문하였는데 상신相臣 정치화鄭致和·김수흥金壽興은 연경으로 압송할 것을 청하였지만 이단상李端相·홍명하洪命夏·민유중閔維重·유명윤俞命胤은 모두 불가하다고 말하였다. 조정에서 정치화·김수흥의 의견을 따르자, 진사進士 윤이건尹以健이 간쟁하는 상소를 올렸다. 상소가 들어가고

나서도 임금의 답은 없었다. 조정에서는 황공이 한인이므로 황공에게 임인관을 타이르며 호송하도록 하였다. 황공이 역마를 달려 홍제원弘濟院에 이르러서 「염염사念念詞」를 지었다.

> 너희는 이제 내가 이유를 말할 테니 내 말을 들어야 할 것이다.
> 귀를 기울이고 머리를 들어 자세히 들어보아라.
> 타국에서 사람을 만났으니 모름지기 좋은 말을 해야 하겠지만,
> 너희는 지금 동행하는 동안 서로 싸우는 일이 없어야 한다.
> 도착하면 글에 능숙하다는 것을 말하지 말고,
> 도착하면 군사를 맡고 있다고 말하지 말고,
> 도착하면 고향으로 돌아가야 한다고 말하지 말고,
> 도착하면 그 재능을 자랑하지 말아야 한다.
> 네 가지 건에 대해 애쓰면서 삼가 기억해야 한다.
> 내가 장차 이 일로 인정을 베푸노라.

> 爾今聽我說原因
> 側耳擡頭仔細聽
> 他國逢人須好話
> 爾今同伴莫相爭

到時莫說能文字
到時莫說會當兵
到時莫說回鄉土
到時莫要誇其能
四件勞心須謹記
我將此事做人情

　임인관 등이 눈물을 여러 번 흘리며 조정에 글을 올려 말하기를 "대명국 복건성의 임인관·진득·정희鄭禧 등은 삼가 여러 공公께 글을 올립니다. 태조고황제 이래로 지금 300여 년에 이르기까지 귀국과 더불어 친형제의 정이 있어서 애통한 마음뿐이었습니다. 임진년과 같이 귀국이 어려움이 있었을 때 우리 조정은 구원해 주었습니다. 생각건대 우리 백성 중에서 또한 부형이 종군한 일도 있습니다. 오늘날 난파되어 오게 되었는데도 귀국은 저 임인관을 명나라로 송환하지 않고 도리어 청나라 땅으로 몰아넣고 있습니다. 저 임인관은 여기에 이르러 또한 벙어리가 된 것 같습니다. 바라건대 여러 상관上官께서는 측은지

심을 여시어 이 백성들의 목숨을 불쌍히 여겨 조정에 아뢰어 주시고 거의 죽은 목숨을 되살려 주십시오. 비록 귀국의 밤을 지키는 개가 되는 일을 하더라도 사양하지 않겠습니다"라고 하였다. 마침내 죽기로 저항하며 떠나려 하지 않자, 조정에서는 황공을 다그쳐 이들을 보내라고 하였다. 황공과 임인관 등이 술을 마시고 심금을 논하였는데 머리카락이 꼿꼿하게 되어 관冠을 뚫을 정도였다.[4] 임인관이 「유지원의 작은 아들이 우물가에서 모친을 만난 사조劉智遠少子井邊遇母詞」를 부르자, 황공은 「유지원이 방앗간에서 아내를 만난 사조劉智遠磨房相會詞」를 불렀는데 모두 남방지역의 음으로 부르며 눈물을 흘렸다. 황공은 그들을 차마 내쫓을 수 없어 머뭇거리며 말하지 못하였다. 임인관 등은 어찌할 수 없음을 알고서 황공을 잡고

---

[4] 비분강개한 모습을 비유한 것이다. 형가荊軻가 진시황을 암살하기 위해 역수易水를 건너기 전에 친구인 고점리高漸離의 축筑 연주에 맞추어 노래를 불렀는데 주위 사람들도 비분강개한 마음이 들어 머리카락이 관을 뚫을 정도였다는 고사에서 유래하였다. (『사기』 권86, 「형가열전」)

거듭 말한 뒤 마침내 인사를 하고 떠났다. 조정에서 역관 장찬張燦에게 연경으로 박송縛送하도록 하였는데 길가에서 이를 본 사람들은 모두 발을 구르며 슬피 울부짖었다. 황공은 마침내 칭병한 뒤 두문불출하고 졸하였다. 아들이 있었는데 황성黃成과 황준黃俊 두 사람이었다. 그 후손 황세중黃世中은 무과에 급제하여 순천진順天鎭의 토포사討捕使가 되었다. 부모의 노예를 원수의 손에 넘겨 그 명을 다하게 하는 일은 비록 난폭한 행동을 허락하는 무리일지라도 오히려 또한 부끄러워하였는데 저 천승千乘의 재상은 도리어 달갑게 여겼다. 장차 어찌 세상에 기강을 세우겠는가. 아! 황공은 어찌 이를 즐겨하였단 말인가.

【原文】

黃功者, 浙人也. 甞官錢塘. 甲申之難, 東歸爲同知中樞府事. 丁未歲, 泉州人陳得·林寅觀等九十五人, 裝船往日本, 漂流至耽羅. 而有永曆十七年大統曆, 衣冠不從胡制. 守臣具以聞, 相臣鄭致和·金壽興請押送燕市, 李端相·洪命夏·閔維重·俞命胤, 皆言其不可. 朝廷用致和·壽興議, 進士尹以健上疏力爭, 疏入不下. 朝廷以黃功漢人, 使功諭送寅觀. 功馳驛至弘濟院, 相見痛哭. 因歌念念詞曰, 爾今聽我說原因, 側耳擡頭仔細聽, 他國逢人須好話, 爾今同伴莫相爭, 到時莫說能文字, 到時莫說會當兵, 到時莫說回鄉土, 到時莫要誇其能, 四件勞心須謹記, 我將此事做人情, 寅觀等泣數行下. 因貽書于廷中曰, 大明國福建林寅觀·陳得·鄭禧等謹上書于諸公. 自太祖高皇帝以來, 至今三百餘年, 與貴國情親兄弟, 痛關心腹, 如壬辰年貴國有難. 我朝援救, 顧我百衆之中, 亦有父兄從戎, 及今敗船而來, 貴國不爲寅觀指送明國, 反陷於淸地, 寅觀至此, 口亦啞矣. 伏乞諸位上官開惻隱之心, 憐百衆之命, 爲啓朝廷, 以甦殘喘, 則雖爲貴國夜犬, 亦不辭矣. 遂抵死不欲往, 朝廷迫功送之. 功與寅觀等飲酒論襟, 髮森森衝冠, 寅觀唱劉智遠少子井邊遇母詞, 功唱劉智遠磨房相會詞. 皆操南音. 涕泗橫流, 功未忍驅送, 囁嚅不能言. 寅觀等知不可奈何, 握功語刺刺, 遂辭去. 朝廷使譯官張燦縛送燕京, 路傍觀者, 皆頓足悲號. 功遂稱病不出而卒. 有子成·俊二人, 其後有世中者中武擧, 爲順天鎭討捕使. 以父母之奴隷, 投之讐仇之手, 使騈其命, 雖椎埋然諾之徒, 猶且恥之. 彼千乘之國相, 乃反甘心焉. 將何以紀綱四方哉. 嗟乎功豈樂爲哉.

3. 전호겸

　전호겸田好謙은 광평부廣平府 계택현鷄澤縣의 풍정리馮鄭里 사람이다. 조부 전응양田應揚은 현황제顯皇帝5)를 섬겨서 병부상서兵部尙書가 되었고, 부친 전윤해田允諧는 이부시랑吏部侍郎을 지냈다. 전호겸은 경술년(1610)에 태어났으며 향학생으로 뽑혔다. 이보다 앞서 도독都督 황룡黃龍이 동강東江에 진鎭을 두었는데 전호겸이 때때로 유람하였다. 숭정崇禎 9년(1636), 금나라 사람이 동쪽을 소란스럽게 하고 마침내 동강까지 침범하였다. 오랑캐 장수는 전호겸의 용모가 비상하며 기이하다고 여겨 그를 풀어주었다. 전호겸은 옷을 벗은 채로 길에서 구걸하였는데, 평안도에 이르렀을 때 절도사 유림柳琳을 보고서 땅을 그으

---
5) 명나라의 13대 황제 신종神宗을 가리킨다.

며 글자를 써서 뜻이 통할 수 있었다. 유림은 그를 대장군 구굉具宏에게 보냈다. 구굉은 그에게 술자리를 마련하였는데, 물러나며 기꺼이 술을 마시지 않고 말하기를 "장군은 어찌 무례하십니까"라고 하였다. 구굉이 그를 기이하게 여기며 즉시 술자리를 당상堂上에서 베풀며 전호겸을 손님의 예로 대접하고 마침내 그를 휘하에 두었다. 대장군이 졸하자 형의 아들인 구인후具仁垕가 대장군이 되었는데 전호겸은 또한 그를 섬겼다. 남만南蠻의 향화인向化人인 박연과 함께 한인, 항왜를 통솔하였으며, 절충장군折衝將軍·용양위부호군龍驤衛副護軍에 제수되었다. 임진년의 싸움 때 지휘동지指揮同知 장룡張龍은 마귀麻貴를 따라 왜군을 정벌하였다가 본조에 머무르면서 동지중추부사同知中樞府事가 되었는데, 전호겸은 그의 딸과 결혼하여 4명의 아들을 두었다. 전호겸은 신장이 8척이었고 건장하여 세상을 경영할 뜻이 있었다. 일찍이 6경六經에 통달하였는데 비록 떠돌며 도망쳤을 때라도 독서를 그치지 않았다. 그가 죽을 무렵에 동평위

東平尉 정재륜鄭載崙에게 말하기를 "중국이 멸망하고 움츠러들어 돌아갈 곳이 없었는데 다행히 조정에서 나를 등용하여 늙어 죽게 되었으니 어찌 바라는 게 있겠습니까. 다만 몸은 갈수록 죽어가고, 이름과 명성은 함께 썩어가니 묘지에 무덤만 즐비하면 장차 내가 중국인이었다는 사실을 알 사람이 없을 것이란 게 한입니다. 공께서 전하여 주십시오"라고 하니, 정재륜이 이를 슬프게 여기고 문인 박세채朴世采에게 묘지명을 지어달라고 부탁하였다. 전호겸이 일찍이 그의 아들 전정일田井一에게 편지를 써 말하기를 "북쪽 광평부廣平府 계택현鷄澤縣의 남문에 이르면 첫 번째 패방牌牓은 유한림劉翰林이고, 두 번째 패방은 전응필田應弼이고, 세 번째, 네 번째, 다섯 번째는 상서공尙書公의 패방이다"라고 하였는데, 대개 이는 그 고향의 종척宗戚들을 추론하여 증험하고자 했던 것이다. 후에 정재륜이 연경에 갔을 때 전정일이 따라갔는데 광평의 전씨가 전정일이 왔다는 말을 듣고 계택의 산수山水를 그려서 주었다. 그림의 성 남쪽에는

패방이 5개가 우뚝 솟아 있었으며 역력한 것이 전호겸의 말과 같았다. 전정일은 상서가 남긴 초상을 집에 보관하였다. 영조 임술년(1742)에 고기와 술을 마련하고 관리를 보내 술을 따랐다. 전호겸의 손녀는 이여매李如梅의 손자 이저李著의 부인이 되었다. 이저의 선조 역시 갑신년(1644)의 변란 때 동쪽으로 왔다. 이종윤李宗胤은 평안도방어사平安道防禦使가 되었다. 병부상서의 손자이자, 이부시랑의 아들로서 멀리 외국에서는 겨우 전호군典護軍을 지냈으니, 속담에 이르기를 '귤이 회수淮水를 건너면 탱자가 된다'라고 하였는데 이것이로다. 만약 전호겸이 창을 들고 연경으로 갔다면 천하를 다스리는 일도 오히려 가능했을 것이다. 중국은 크지만, 호걸은 살아 있지 않았고 전호겸 또한 불우한 환경에 처해 이루지 못하였으니 애석하구나.

【原文】

田好謙者，廣平府雞澤縣之馮鄭里人也．大父應揚事顯皇帝，爲兵部尚書，父允諧吏部侍郞．好謙以庚戌生，隷鄕學，先是都督黃龍鎭東江，好謙往遊之．崇禎九年，金人東搶，遂侵東江，虜將奇好謙狀貌非常釋之．好謙裸身行乞於路，至關西，見節度使柳琳，畫地書字以通意．琳送之大將軍具宏．宏命席地與酒，却立不肯飲曰，將軍何無禮耶．宏異之．卽延坐堂上，以客禮待之，遂置帳下．大將軍卒，兄之子仁㙦爲大將軍，好謙又事之．與南蠻向化人朴延，領漢倭軍，拜折衝將軍龍驤衛副護軍．壬辰之役，指揮同知張龍，從麻貴征倭，留仕本朝，爲同知中樞府事，好謙娶其女．有四男．好謙身長八尺，魁傑有四方之志．嘗誦六經，雖流離逋播之際，口不輟讀．及死，語東平尉鄭載崙曰，中國淪矣，蹙蹙靡所歸，幸朝廷廩余至老死，其何望之有．惟恨身沒寢遠，名與骨俱朽，纍纍北邙, 將無以知吾爲中國人也. 公盍圖諸, 載崙悲之. 請山人朴世采銘其墓, 好謙嘗書與其子井一曰, 北直廣平府鷄澤縣, 至南門第一牌牓劉翰林也, 第二牌牓田應弼也, 第三第四第五, 卽尙書公之牌牓也. 盖欲以此推驗其鄉里宗戚也. 後載崙赴燕, 井一隨之, 廣平田氏聞井一來, 畫贈鷄澤山水. 其城南牌牓巋然者五, 歷歷如好謙言也. 井一購尙書遺像藏之家. 英廟壬戌, 以牲醪遣官酹之. 好謙之子之女爲李如梅之孫李著之妻, 著之先, 亦因甲申之變而東來, 有宗胤爲平安道防禦使. 以兵部尙書之孫, 吏部侍郎之子, 越在外國, 廑典護軍而止焉. 諺曰, 橘渡淮而爲枳者此歟. 使好謙荷戈入燕, 天下事尙可爲也. 以中州之大, 而豪傑不生, 好謙亦落拓無所成. 悲夫.

4. 강세작

　강세작康世爵은 형荊 사람이다. 부친인 강국태康國泰는 만력 연간에 법에 연좌되어 요양遼陽으로 이주하였다. 도독都督 유정劉綎이 심하深河를 정벌할 때 강국태는 전사하였다. 강세작은 이때 나이가 17세였는데 심하로 들어가 부친의 시신을 구하여 산 아래 묻고 변복한 뒤 요양으로 돌아왔다. 병부시랑兵部侍郎 웅정필熊廷弼이 그를 휘하에 두었는데 요양이 함락되자 강세작은 말을 달려 산 위로 올랐다가 밤에 몰래 해자를 헤엄쳐서 남쪽으로 요새를 나와 봉황성鳳凰城을 지켰다. 봉황성이 함락되었을 때 도망가서 금석산金石山으로 들어갔다. 매일 나뭇잎을 먹으며 목숨을 부지하다가 몰래 의주義州로 갔는데, 오랑캐가 강대해지는 것을 보고 결국 그곳을 피하여 회령부

會寧府로 들어가서 두만강 어귀에 집을 짓고 살았다. 강씨는 형문荊門에서 태어나고 자라서 비록 늙었어도 잊지를 못하였으니 한가로이 살면서도 언제나 초관楚冠을 쓰지 않았던 적이 없었다. 강세작이 죽었을 때 회령 사람들은 모두 그를 불쌍히 여겨 초관을 그 집의 이름으로 삼았는데 강한江漢 황경원黃景源도 서문을 위와 같이 썼다. 강세작에게는 두 아들이 있었으며 말타기와 활쏘기에 능하고 의로움을 좋아하여 초楚나라 선비의 풍모가 있었다고 한다. 종의鍾儀[6]는 남관南冠을 써서 의로운 선비들은 이를 애통히 여겼는데 강세작은 바로 종의 이후의 유일한 사람이었다. 나이 60세에 북쪽 황량한 곳에서 늙어 죽었는데도 조정에서는 등용하지 못하였으니 애석하고 애석하도다.

---

6) 춘추시대 초나라의 선비로 진晉나라의 포로가 되었는데 진경공晉景公이 거문고를 연주하게 하자 초나라의 곡을 연주하면서 고향을 그리워하였다. (『춘추좌씨전』 성공成公 9년 기사 참고)

【原文】

康世爵者，荊人也．父國泰，萬曆時坐法徙遼陽．及都督劉綎征深河，國泰戰死．世爵時年十七，步入深河．求父屍瘞之山下，卽變服歸遼陽．兵部侍郎熊廷弼置之麾下，遼陽陷，世爵走馬登山上，夜潛壕水，南出塞保鳳凰城．城陷，亡入金石山．日食木葉得不死，間走義州，見虜彊大，遂避地入會寧府，作堂于豆江之口以居之．康氏生長荊門，雖老矣不能忘，故燕居未嘗不冠楚冠也．世爵旣死，會寧之人皆憐之，因以楚冠名其堂，屬江漢黃景源序之如此．世爵有二子，善騎射，好氣義，有楚士之風云．鍾儀南冠，義士悲之，世爵，鍾儀後一人也．年六十，老死北荒，而朝廷不得用，嗟乎惜哉．

5. 문가상

　문가상文可尙은 항주杭州 사람이며 송나라 승상 신국공信國公 문천상文天祥의 16세손이다. 대대로 양자강楊子江에서 살았는데 숭정 8년(1635)에 바다에서 표류하여 밀려와 황해도 은율현殷栗縣에 정박하였다. 시에서 다음과 같이 말하였다.

　난리 속에서 헤매고 보니 모든 일이 틀렸는데,
　성조聖朝의 문물은 꿈속에서 어렴풋하구나.
　강남에 있던 유신庾信7)은 평생 한이 있었고,
　북쪽으로 간 소랑蘇郎8)은 어느 날에 돌아왔던가.

---

7) 유신(512~580)의 자는 자산子山이고 남북조시대 때 양나라의 시인 겸 관료이다. 북주北周에 사신으로 간 사이에 양나라가 멸망하여 북주에서 벼슬을 지냈다. 고향을 생각하며 「애강남부哀江南賦」를 지었다.
8) 소무(?~B.C. 60)를 가리킨다. 소무의 자는 자경子卿이며

30년을 지내오는 동안에 바람 소리는 울림이 다른데,
8,000리 밖에서도 달은 고국과 똑같구나.
말소리도 이미 변하였고 털두루마기도 다 해졌으니,
누가 양자강에 살던 옛 포의布衣라 알아보겠는가.

流落腥塵萬事非
聖朝文物夢依俙
江南庾信平生恨
塞北蘇郎幾日歸
三十年來風異響
八千里外月同輝
華音已變氊裘弊
誰識楊江舊布衣

조정에서 문가상에게 죽을 때까지 사역원司譯院의 봉록을 주게 하였다. 송나라 말기에 절강浙江 사람 정신보鄭臣保는 원외랑員外郞으로 가족을 이끌고 바다를 건너 서산군瑞山郡의 간월도看月島에서 살았

한 무제의 명으로 흉노에 사신으로 갔다가 흉노 선우의 회유에 넘어가지 않아서 북해北海에 19년 동안 유폐되었다. 후에 다시 한나라로 돌아와 한 선제 옹립에 공을 세웠다.

다. 선비가 불행하여 오랑캐의 화를 만나 배를 타고 바다로 나아갔으니, 이와 같은 사람들을 얼마나 셀 수 있겠는가. 혹은 섬 안에 숨거나 혹은 산으로 들어가 나오지 않아 후세에서는 들을 수 없었다. 어찌 애석하지 않겠는가.

【原文】

文可尚者, 杭州人, 宋丞相信國公天祥十六世孫也. 世居楊子江, 崇禎八年, 托以漂海, 來泊于海西之殷栗縣. 有詩曰, 流落腥塵萬事非, 聖朝文物夢依俙, 江南庾信平生恨, 塞北蘇郞幾日歸, 三十年來風異響, 八千里外月同輝, 華音已變氈裘弊, 誰識楊江舊布衣. 朝廷付可尙司譯之祿. 以終其身, 宋季浙人鄭臣保, 以員外郎挈家渡海, 居瑞山郡之看月島. 士之不幸而遇戎狄之禍, 駕航而浮于海, 如若人者, 何可勝數. 或隱于島嶼中, 或入山而不出, 後世無聞焉. 豈不憐哉.

6. 안용복

 안용복安龍福은 동래부 사람이고 수군에 예속되어 있었으며 일본어에 능하였다. 숙묘肅廟 을해년(1695) 바다에 표류하여 울릉도로 들어갔는데 왜인을 만나 일본 오랑도五浪島[9]로 붙잡혀 갔다. 당시 대마도주는 울릉도를 점령하고자 하여 우리 변방을 지키는 신하들과 그치지 않고 싸웠는데 왜추倭酋는 실로 알지 못하고 있었다. 안용복이 오랑도주五浪島主에게 말하기를 "울릉도는 우리나라에서 하루 거리이고 일본에서는 닷새 거리이니 우리나라에 속한 땅이 아니겠습니까. 조선 사람이 스스로 조선 땅에 간 것인데 어찌 잡아 가둔단 말입니까"라고 하였다. 오랑도주는 그를 굴복시킬 수 없음을 알고 풀어주어 백기주

---
[9] 일본 오키 섬을 가리킨다.

伯耆州[10]로 보냈다. 백기주의 태수가 후하게 대우하고 은폐銀幣를 주었지만 안용복이 받지 않고 말하기를 "일본이 다시 울릉도에 대해 말하지 않기를 바랄 뿐이지, 은폐는 저의 뜻이 아닙니다"라고 하였다. 태수가 마침내 관백關伯에게 아뢰고자 서계書契를 작성하여 그에게 주었으니, 울릉도는 일본의 변경이 아니라는 말이 있었다. 당시 왜관의 왜인들이 장차 분란을 일으키려 하였고, 우리나라 사람들은 이를 우려하였지만 이것이 대마도의 속임수임을 알지 못하고 있었다. 안용복은 매우 분개하여 울산 해변으로 달려갔는데 장사하는 승려 뇌헌雷憲이 배를 대고 있었다. 안용복이 그를 꾀어내 말하기를 "울릉도에는 해초가 많으니 내가 마땅히 너에게 그 길을 가르쳐 주겠다"라고 하였다. 승려는 기뻐하면서 그를 따랐는데 마침내 돛을 걸고 3일 만에 울릉도에 닿았다. 이때 왜인의 배가 동쪽에 이르자 안용복이 여러 사람에게 눈짓하여 이를 포박하게 하였다. 배 안의 사람들은 두려

---

10) 일본 호키 주州를 가리킨다.

워하면서 나서지 못하였다. 안용복이 홀로 앞으로 나서서 화를 내며 꾸짖기를 "무슨 이유로 우리 국경을 침범하는가"라고 하였다. 안용복은 이들을 추격하여 송도松島에 이르렀고, 또 꾸짖기를 "송도는 곧 우산도芋山島11)이다. 너희들은 우산도도 또한 우리 영토라는 것을 듣지 못하였는가"라고 하고서 몽둥이를 휘둘러서 그들의 솥을 부숴버렸다. 왜인들은 매우 놀라 달아났다. 안용복이 배를 돌려 백기주에 이르러서 그 정황을 말하니 태수가 모두 잡아서 죄를 다스렸다. 안용복이 이내 울릉감세관欝陵監稅官을 칭하며 당堂에 올라 태수와 동등한 예를 행하고 큰 소리로 말하기를 "대마도가 사이에서 거짓말을 하며 속이고 있으니 어찌 울릉도 한 가지일 뿐이겠습니까. 우리나라에서 보낸 재물을 대마도에서 일본에 도로 팔 때는 대부분 속임수를 씁니다. 쌀 15두는 1곡인데 대마도는 7두를 1곡으로 삼고, 베는 30척이 1필인데 대마도는 20척을 1필로 삼으며, 종이 1속은 매우 길지만 대마

---

11) 독도를 가리킨다.

도는 재단하여 3속을 만드니 관백께서 이를 어찌 알겠습니까. 저를 위해 서장書狀 한 통을 관백께 써 주실 수 없습니까"라고 하니 태수가 허락하였다. 대마도주의 부친은 당시 강호江戶에 있다가 이 소식을 듣고서는 크게 두려워하며 태수에게 빌기를 "편지가 아침에 들어가면 내 아들은 저녁때 죽을 것이니 그대가 이를 생각해 주십시오"라고 하였다. 태수가 돌아와 안용복에게 이르기를 "서장을 올리지 말고 속히 대마도로 돌아가십시오. 다시 경계를 다투게 될 경우 사신을 보내 문서를 가져오시면 됩니다"라고 하였다. 이에 왜인들은 다시 속일 수 없음을 알고서 동래부에 글을 보내 사과하기를 "감히 다시는 사람을 보내 울릉도에 이르지 않게 하겠습니다"라고 하였다. 당시 조정에서는 울릉도를 떼어내서 왜에 주자고 논의하였는데 저 안용복은 중요한 직책이나 엄한 명을 받지 않았는데도 죽을힘을 다해 수륙 만여 리를 건너가서 교활한 오랑캐를 어린아이에게 꾸짖는 듯하고, 대마도의 간사한 모략을 물리쳐서 울릉도 전체가 왜인에

46

게 들어가지 않게 하였으니 그 공이 장하다고 할 만
하다.

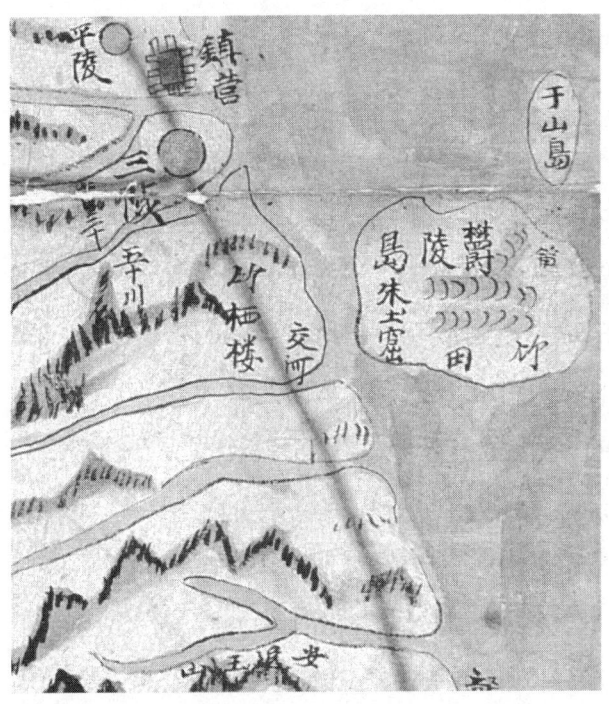

국립중앙도서관 소장 「팔로지도」(古2702-9-46) 중 울릉도와 독도
부근. 독도를 우산도로 표기했음을 알 수 있다.

【原文】

安龍福者, 東萊府人也. 隷水軍, 善倭語. 肅廟乙亥, 漂海入欝陵島, 遇倭被拘於日本之五浪島. 時對馬島主欲占欝陵, 與邊臣爭不已, 而倭酋實不知也. 龍福謂五浪島主曰, 自欝陵距我國一日, 距日本五日, 非屬我國者乎. 朝鮮人自往朝鮮地, 何拘爲. 島主知不可屈, 解送伯耆州. 州太守厚遇饋銀幣, 龍福不受曰, 願日本勿復以欝陵島爲辭, 銀幣非吾志也. 太守遂禀關伯, 作書契授之, 言欝陵非日本界, 時舘倭若將生釁, 國人憂之, 而不知爲馬島所瞞也. 龍福憤甚, 走蔚山海邊, 有商僧雷憲艤舟, 龍福誘之曰, 欝陵島多海菜, 吾當爲汝指其路. 僧欣然從之, 遂擧帆三夜, 泊欝陵島, 時倭舶自東至, 龍福目諸人縛之, 舟中人㤼不發. 龍福獨前憤罵曰, 何故犯我境. 龍福追至松島又罵曰, 松島卽芋山島, 爾不聞芋山亦我境乎. 麾杖碎其釜. 倭大驚走. 龍福轉至伯耆州言其狀, 太守悉捕治之. 龍福乃詭稱欝陵監稅官, 升堂與太守抗禮大言曰, 馬島之居間矯誣, 豈獨欝陵一事. 我國所送幣貨, 馬島轉賣日本, 多設機詐. 米十五斗爲一斛, 馬島以七斗爲斛, 布三十尺爲一匹, 馬島以二十尺爲匹, 紙一束甚長, 馬島截爲三束. 關伯何從而知之. 不能爲我達一書於關伯乎. 太守許之. 馬島主父時在江戶, 聞之大懼, 乞於太守曰, 書朝而入, 則吾兒夕而死, 子其圖之. 太守歸語龍福曰, 毋庸上書, 且速歸馬島. 如更爭界者, 可差人齎書來. 於是倭知不可復誑, 貽書萊府謝曰, 不敢復遣人至欝陵. 當是時, 朝廷議割欝陵島以予倭, 彼龍福者, 非有職司之重命令之嚴, 而出萬死之力, 跋涉水陸萬有餘里, 叱狡夷如小兒, 折馬島之奸謀, 使欝陵全島不入於倭, 其功可謂壯矣.

7. 허 격

　허격許格은 양천현陽川縣 사람이다. 5대조 허종許 琮은 좌의정이었으며 부친 허회許淮는 시에 능하여 권필權韠·정작鄭碏과 명성을 나란히 하였다. 성품은 효성이 지극하여 사헌부 집의司憲府執義에 추증되었 다. 허격은 스스로 호를 '창해滄海'라고 하였다. 사람 됨은 강개하여 작은 절의에 얽매이지 않았고, 고금古 今의 치란득실治亂得失에 대한 담론談論을 좋아하였 다. 숭정 9년(1636) 남한산성이 함락되었을 때 허격은 30세였다. 끝내 태백산에 은거하면서 스스로 "대명大 明천지에는 가객家客이 없고, 태백산에는 머리 기른 승려가 있도다"라고 하였다.[12] 『춘추』 읽기를 좋아

---

12) 영조 때 이조판서였던 송인명宋寅明은 허격이 지은 이 구
　　절을 부녀자와 아이들이 모두 외우고 있다고 하며 정문旌

하면서 간혹 읊조리곤 하였는데 모두 존왕양이에 대한 문장이었다. 일찍이 열황제烈皇帝의 어필御筆 '사무사思無邪' 3글자를 구하여 가평군加平郡의 조종리朝宗里에 새겼는데, 대개 마을의 이름이 '조종朝宗'이라서 그렇게 한 것이다. 황해도에 유람하였을 때 수양산首陽山과 형제곡兄弟谷을 보고 이제묘夷齊廟를 세웠다. 매년 3월 19일 새벽에 북산에 올라 향을 피우고 통곡하며 지내다 84세 때 졸하였다. 허격에게는 친구가 있었는데 이보만李保晚이라 하였다. 이보만은 스스로 칭하기를 '대명거사大明居士'라고 하였다. 학업을 폐한 뒤 복건幅巾을 느슨하게 매고, 매사냥을 하거나 닭싸움을 하고, 숲속과 들판 사이를 달리며 떠들었는데 혹은 웃기도 하고 혹은 통곡하니 사람들은 그의 속을 헤아릴 수 없었다. 가끔 거문고를 타면서 술상을 차리고서 꽃과 약을 품평하고 산 바깥의 일은 묻지 않았으니 초연超然한 것이 마치 세상을 벗

門을 내릴 것을 청하였다. (『승정원일기』 영조 11년 3월 27일 기사 참고)

어난 사람인 듯하였다. 이보만의 먼 조상인 이집李集은 고려 왕씨王氏를 위해 절개를 지켰다. 허격과 이보만은 일찍이 저자도楮子島에서 노닐었는데 지금도 부로父老들은 그 일을 전하면서 가끔 눈물을 흘린다. 해좌海左의 포의布衣로서 비풍하천匪風下泉[13])의 심정을 가지고 강호江湖에서 몸이 죽었어도 답답해하지 않았으니 어찌 현자가 아니었겠는가.

【原文】

許格者, 陽川縣人也. 五世祖琮左議政, 父淮能詩, 與權韠·鄭磏齊名. 性至孝, 贈司憲府執義. 格自號滄海. 爲人忼慨不拘小節, 好談論古今治亂得失. 崇禎九年, 南漢下城, 格時年三十. 遂隱太白山, 又自號曰, 大明天地無家客, 太白山中有髮僧. 喜讀春秋, 凡有哦詠, 皆以尊攘爲辭. 嘗購, 烈皇

---

[13]) 『시경詩經』의 「회풍檜風」과 「조풍曹風」의 편명으로 주나라 왕실이 쇠퇴해진 것을 슬퍼하는 내용이다.

帝御筆思無邪三字, 鑴之加平郡之朝宗里, 盖取里名朝宗也. 遊海西, 見首陽山有兄弟谷, 建夷齊廟. 每三月十九日, 曉登北山, 焚香痛哭, 年八十四卒. 格有友曰李保晩, 自稱大明居士. 廢擧業, 以幅巾綬帶, 呼鷹鬪鷄, 馳逐呼吸於林麓墟野之間, 或笑或哭, 人莫能測. 有時彈琴命酌 評花品藥, 不問山外事, 超然若出世人也. 保晩遠祖集, 爲高麗王氏守節. 格·保晩嘗與遊楮子島, 至今父老傳其事, 往往有流涕者. 以海左布衣, 有匪風下泉之思, 至於沒身江湖而無悶焉, 豈不賢哉.

8. 호극기

　　호극기胡克己는 오봉선생五峰先生14)의 후손이다. 만력 경신년(1620)에 진사進士에 급제하였다. 일찍이 등주登州 바다에서 배를 띄워 유람하다가 봉산군鳳山郡으로 떠밀려 왔는데 우리나라 사람들은 그를 잘 알지 못하였으므로 북쪽으로 유랑하여 이성利城에 거처하였다. 호극기는 문장을 좋아하였고 천문·지리·의학·점술에 밝았다. 일찍이 울분을 토하며 눈물을 흘리고 시를 지었다.

---

14) 호굉胡宏(1106~1161)을 가리킨다. 호굉의 자는 인중仁仲이며 송나라의 학자 호안국胡安國의 아들이다. 어린 시절에는 양시楊時와 후중량侯仲良에게서 학문을 배웠으며 호안국의 이학理學을 전승하여 호상학파湖湘學派를 개창하였다.

내가 악양루岳陽樓에 가까이 있으니
반죽斑竹 울타리 주변에 상수湘水가 흐르네.
옛 동산의 물가 부근에 버들이 아득히 기억나는데
몇 년 동안 할 일이 없이 고깃배에서 낚시하네.

儂家近隔岳陽樓
斑竹籬邊湘水流
遙憶故園磯畔柳
幾年閑繫釣魚舟

북쪽의 선비들은 대부분 이 시를 전하며 외웠다. 후에 북청부北靑府의 성지동城池洞으로 이주하였다. 그의 손자 호두필胡斗弼이 상언하여 화양華陽 만동묘萬東廟의 비단 병풍에 어필御筆로 호극기의 성명을 써 줄 것을 호소하였으니 이로써 그 후손들에게 세록世祿을 내리라 명하였다. 호씨는 대현大賢의 후예이다. 뗏목을 타고 동해로 갔지만 머리를 풀고 좌임左袵을 하는 부끄러움을 면할 수 있었다. 당시에 고관의 자제들이 복건福建과 면전緬甸[15]으로 들어가

---

15) 미얀마를 가리킨다.

지 못하였더라면 또한 동쪽에서 바다로 띄웠을 것이니 어찌 구금되거나 떠돌아다니는 굴욕이 있었겠는가. 한 헌제漢獻帝의 자손들은 일본에 이르러 군왕郡王이 되었는데 지금도 사묘祠廟에는 향을 태우는 불이 끊이지 않으며, 송나라 조덕소趙德昭의 후손도 고려에 이르러서16) 500년간 벼슬을 하여 대대로 훌륭한 인물이 이어졌으니, 군자는 여기서도 천리天理를 속이기 어렵다는 것을 알 수 있다.

【原文】

胡克己者, 五峰先生之後也. 萬曆庚申, 進士及第. 嘗泛舟遊登州之海, 颶漂至于鳳山郡, 東人不

---

16) 조덕소(951~979)의 자는 일신日新이며 북송 태조의 둘째 황자이고 위왕魏王, 무공군왕武功郡王, 연왕燕王 등에 봉해졌다. 979년 송 태종이 요나라를 친정할 때 종군했는데 밤중에 군영이 소란스러웠고, 조덕소를 황제로 추대하려는 자가 있어서 송 태종의 미움을 받게 되었다. 이것이 원인이 되어 자결했다. 일설에 의하면 조덕소의 아들 조지린趙之遴이 고려로 와서 고려 목종 때 이부상서를 지냈고, 이후 백천 조씨의 시조가 되었다고 한다.

甚知也, 因流落北方, 居利城. 克己喜文章, 曉天文地理醫藥卜筮. 嘗慷慨泣下, 有詩曰, 儂家近隔岳陽樓, 斑竹籬邊湘水流, 遙憶故園磯畔柳, 幾年閑繫釣魚舟. 北士多傳誦. 後徙北靑府之城池洞. 其孫斗弼訴于王, 御筆書胡克己姓名於華陽萬東廟之錦屛, 仍命世祿其後. 胡氏大賢之裔也. 乘桴東海, 能免被髮左袵之恥, 使當時搢紳子弟, 不入福建緬甸, 而東浮于海, 則夫豈有拘繫流離之辱哉. 漢獻帝之子, 投日本爲郡王, 至今祠廟, 香火不絕, 宋德昭之孫投高麗, 冠冕五百年, 蟬聯鳥奕, 君子於此, 知天理之難誣也.

9. 경하창

　경하창慶河昌은 극동極東 사람이다. 본조本朝 경흥부慶興府의 무이보撫夷堡와 조산보造山堡를 왕래하며 무역과 장사를 하였다. 천계天啓 정묘년(1627)에 만주의 오랑캐가 강성해져서 극동에서는 모피를 공납하였다. 경하창은 이내 아들 기라라지其羅囉只·둔아屯阿 등을 이끌고 웅도熊島로 들어가 스스로 장수가 되었으며, 기꺼이 만주 오랑캐에게 투항하려 하지 않았다. 숭정 병자년(1636)에 본조가 만주와 화친을 맺자, 경하창은 더욱 만주와 화친을 맺은 것을 수치스럽게 여기며 장도獐島로 이주하고 중국과 통하였다. 만주가 사신을 보내 조선에 보고하고, 배 1,000척을 징발하여 경하창을 잡도록 하니, 본조가 북도병마우후北道兵馬虞侯 유찬선劉纘先을 보내 만주 사신과 함께 정예병 500명을 거느리고 서수라西水羅를 따라 북을 치며 행군하였다. 장도 사람 차라한且羅汗·주이시지住移時只·어거내於巨乃 등은 물건을 파는 일로 경원부에 다다랐는데 유찬선은 그들을 잡아서 함께 배에 태우고 장차 장도를 공격하려 하였다. 경하창이 명하여 아들 길라吉羅·조카 아두牙豆·일족 매개梅介·하인 고랑아古郎阿에게 몰래 배 3척을 수리하고, 독화살을 소지하여 숲에 숨어있게 하였다. 유찬선의 비장裨將 한희룡韓希龍이 가까이 진군하여 모두 사로잡았는데, 이들은 경하창이 장도에서 이주할 것이라는 사실을 말하였다. 유찬선이 밤을 틈타 사방을 포위하여 먼저 포수 180명을 이끌고 산 뒤편에 숨었다. 경하창은 뜻하지 않은 일이 발생하자 급히 부하들을 이끌고 병장기를 챙겨 숲으로 달아났다. 포수들이 이내 일제히 발포하니 광풍과 우레와 같았으며 경하창과 그 수하 남녀 15명을 모두 사로잡았다. 활집, 화살통, 갑옷은 전부 유찬선이 가지게 되었다. 이윽고 돌아와서 만주로 압송하였다. 숭정 정축

년(1637) 만주는 또 출병하여 섬을 수색하여 남녀 500여 명을 사로잡아 야춘也春 땅에 살게 하고 차인差人 사장沙將을 보내 다다르자, 본조에서는 곡식 3천 곡을 운반하여 이들에게 배급하였다. 숭정 연간에 만주 오랑캐가 점점 강성해져서 동쪽으로 본조를 약탈하고 북쪽으로 몽고를 복속시켰다. 이때 산해관山海關 침범하니 향하는 곳마다 적이 없었으며, 이영방李永芳·홍승주洪承疇 무리들은 서로 연달아 투항하여 천하의 대세는 이미 10중 8, 9가 기울었다. 저 경하창은 동쪽의 상인이었지만 오히려 외로운 섬을 보존하면서 의연하게 흔들리지 않고 바야흐로 강성해지는 오랑캐에게 저항하였다. 얼마나 장하던가. 다만 땅이 치우쳐져 있고 무리가 적어서 사람 중에 원대한 계략을 가진 이가 없었으니 결국 만주에 사로잡혔다. 애석하구나! 송산松山의 조씨祖氏[17]가 투항했을 때, 오

---

17) 명나라의 총병摠兵 조대수祖大壽, 조대락祖大樂, 조대필祖大弼, 조대청祖大淸을 가리킨다. 조씨 일가는 요동 소릉하小凌河 부근의 송산보松山堡를 수비하였으나 1642년에 청나라에 투항하였다.

직 몽고 사람 2,000명은 의로움을 좇아 조금도 꺾이지 않았다. 오랑캐가 크게 화를 내면서도 술과 음식으로 유인해다가 활과 칼을 버리게 한 다음에 평야로 몰아냈다. 몽고는 평소에 싸움을 잘하였으므로 손수 육박전을 벌여 오랑캐 기병 수천 명을 죽였지만 후에 힘이 다하여 죽고 말았다. 그들의 해골은 지금도 금주錦州의 동쪽 냇가에 있으니, 누가 이적夷狄을 하찮게 여기는가.

【原文】

慶河昌者, 極東人也. 往來於本朝慶興府撫夷堡・造山堡, 交易貨市. 天啓丁卯, 滿州虜大強, 極東貢皮毛. 河昌乃率其子其羅囉只・屯阿等入熊島. 自立爲將, 不肯降滿州, 及崇禎丙子, 本朝媾滿州, 河昌滋恥與滿州和, 移住獐島, 與中國通. 滿州使告本朝, 俾發舟師一千往取焉. 本朝遣北道兵馬虞侯劉纘先, 與滿州使將精兵五百, 從西水羅浦鼓而行, 獐島人且羅汗・住移時只, 於巨乃等, 因販賣至慶源府, 纘先捉而同舟, 將抵島. 河昌命子吉羅・侄牙豆・宗族梅介・從人古郎阿, 潛理三艇, 挾毒箭伏叢林中. 纘先裨將韓希龍進薄之, 皆被獲. 具告河昌, 移住獐島. 纘先乘夜四圍, 先以一百八十砲匿山後. 河昌變出不戒, 急率部下, 持兵奔巨藪. 砲乃齊發, 颭如風雷, 河昌與其屬男婦十五并受縛. 弓服矢房鎧甲, 盡爲纘先有. 及還, 執送滿州. 崇禎丁丑, 滿州又發兵搜島, 禽男婦五百, 處之也春地, 遣差人沙將至, 本朝運粟三千斛以餉之. 崇禎中, 滿州虜寖盛, 東搶本朝, 北服蒙古. 時犯山海關, 所向無敵. 李永芳・洪承疇輩相繼投降, 天下之勢, 已十去八九矣. 彼慶河昌者, 東鄙之賈也. 尚能保孤嶼, 毅然不撓, 抗方盛之強虜, 何其壯也. 但地偏衆少, 人無遠略, 竟爲滿州禽, 哀哉. 松山祖氏之降也, 獨蒙古二千, 仗義不少挫. 虜大怒, 誘以酒食, 俾去弓劍, 驅出平野. 以鐵騎蹂之, 蒙古素閑戰, 徒手搏戰, 能殺虜騎數千而後盡死. 其髑髏尙今在錦州之東川, 孰以夷狄而少之哉.

10. 박연

　박연朴延은 아란타阿蘭陀[18] 사람이다. 숭정 원년 (1628)에 전라도에 표류하여 조정에서 훈련도감에 예속시켰고 항왜降倭나 표류한 한인을 거느리게 하였다. 박연의 초명은 '호탄만胡呑萬'이었으며, 병서를 공부하였고, 화포를 매우 정교하게 제작할 수 있었다. 효종 4년(1653) 진도군珍島郡에 선박이 표류했는데, 배 안에는 36명이 있었고 그 의관은 괴상하였다. 코는 높고, 눈은 깊었으며 언어나 문자는 통하지 않았다. 혹 이르기를 서양인이라고도 하고 남만인南蠻人이라고도 하였다. 조정에서 명하여 박연이 가서 그들을 심문하도록 하였다. 박연이 그 사람들을 보고 끊임없이 말하다가 눈물을 흘리며 바지를 적셨다. 그

---

[18] 네덜란드를 가리킨다.

사람들은 모두 성력星曆에 통달하였고 조총이나 대포 주조를 잘하였다. 마침내 그 사람들을 나누어서 한양 밖 여러 군영에 예속시켰다. 그로부터 14년 뒤에 전라좌도 수군절도영水軍節度營의 8명이 몰래 고깃배에 올라타서 일본 장기도長碕島[19]로 도주하였다. 왜추倭酋가 글로 조정에 보고하기를 "아란타는 곧 일본의 속군屬郡입니다. 그리고 지금 귀국에서 머물던 8명이 도주하여 장기長碕에 도착했습니다"라고 하였다. 조정에서 비로소 박연 역시 아란타 사람이라는 것을 알았다. 박연은 대장 구인후具仁垕 휘하에서 거처하였는데 그 자손들도 마침내 훈국의 군적에 편입되었다. 아란타는 일명 '하란荷蘭'이나 '홍이紅夷'인데, 또한 '홍모紅毛'라고도 부른다. 서남해 가운데에 있으며 명나라 말기에 대만을 점거하였으나 후에 정성공鄭成功에게 패하였다. 왜인들과 아란타는 교역하면서 외부로 원조를 얻었다고 한다. 옛날 하이국蝦夷國[20]의 송전松前 사람인 세류두우수世琉兜宇須라

---

19) 일본의 나가사키이다.

는 자가 있었는데 표류하여 탐라에서 20여 년을 머물렀다가 만력 임진년에 이르러 왜의 향도嚮導가 되었다고 한다. 박연이 나라를 위해 그 능력을 발휘하여 마침내 홍이포의 제도가 전해지게 되었으니 기이하구나.

【原文】

朴延者, 阿蘭陀人也. 崇禎元年, 漂流至湖南, 朝廷隷訓局, 將降倭及漂漢人. 延初名胡呑萬, 工於兵書, 能製火礟甚精巧. 孝廟四年, 有漂舡泊珍島郡, 舡中三十六人, 衣冠詭異, 鼻高目深, 不通言語文字. 或云西洋人, 或云南蠻人. 朝廷命延往審之. 延見其人, 言語淋漓, 至於泣下霑襟. 而其人皆通星曆, 善鑄鳥銃及大礟. 遂以其人分隷京外諸營. 其後十四年, 隷湖南左道水軍節度營者八人, 潛乘漁舟, 逃之日本之長碕島. 倭酋書報朝廷

---

20) 일본 도호쿠 지역 또는 홋카이도 일대이다.

曰, 阿蘭陀卽日本之屬郡, 而今留貴國者八人逃至長碕. 朝廷始知朴延亦阿蘭陀人也. 延居大將具仁垕麾下, 其子孫遂編訓局之軍籍. 阿蘭陀一名荷蘭, 一名紅夷, 亦曰紅毛. 在西南海中, 明季據臺灣, 後爲鄭成功所敗. 倭人與阿蘭陀互市爲外援云. 昔有蝦夷國松前人世琉兜宇須者, 漂留耽羅二十餘年, 至萬曆壬辰, 爲倭嚮導. 朴延爲國效其能, 遂傳紅夷礮之制, 奇哉.

11. 안극함

안극함安克諴은 용천부龍川府 사람이다. 동해에서 용력勇力으로 이름을 날렸으며 문장에 능하였고, 강개함과 담력이 있었다. 천계天啓 연간에 금나라 사람들이 날로 번성하여 자주 조선을 침범하였다. 조선에서는 이희건李希健에게 용천을 수비하도록 하였는데 호를 '홍양군洪陽君'이라 하였다. 안극함은 홍양군을 섬기면서 용골성龍骨城을 쌓았다. 금나라 사람들이 이를 공격하자 성안의 병사들은 흩어졌고 홍양군은 도주하였다. 이때 안극함의 부친 안준安浚은 이립李立과 함께 포구에 목책을 설치하고 사수할 계책을 세웠다. 이립을 장수로 천거하자 안극함은 홍양군을 섬기는 일을 그만두고 따라갔다. 하루에 세 번을 싸워 세 번 승리하여 귀부歸附하는 무리가 날로 늘어났고 수천 명에 이르렀다. 모문룡毛文龍이 마침내 조정에 알리자, 황제가 가상히 여기며 이립을 도독에 제수하고 은자패銀字牌를 하사하였다. 이에 앞서 유정劉綎이 심하에서 전사하였다. 안극함은 창을 들고 오랑캐 땅으로 들어가 뜻을 세우고자 하였지만, 형인 안극해安克諧가 말려서 결국 한숨을 쉬며 그만두었다. 이때 그의 나이는 18세였다. 숭정 9년(1636)에 임장군林將軍[21]을 따라 금주위錦州衛로 들어갔다가 이내 돌아왔다. 의주義州의 최효일崔孝一, 선천宣川의 차례량車禮亮이 검을 집고 다다르자 안극함이 말하기를 "그대들이 멀리서 나를 찾아왔으니 어찌 사사로운 뜻이 있겠는가"라고 하니, 차례량이 말하기를 "중원은 어지러운데 장차 계책을 어떻게 내야 합니까"라고 하였다. 안극함이 크게 기뻐하며 함께 일하자고 청하였다. 최효일이 말하기를 "내가 등주登州로 들어가 군사를 얻어 심양瀋陽을 찌르고, 그대가 차례량과 함께 동해에서 궐기한다면 금나라 오랑캐들을 어렵

---

21) 임경업을 가리킨다.

지 않게 멸할 수 있을 것이오"라고 하였다. 안극함이 손뼉을 치고 웃으며 말하기를 "좋습니다. 중국으로 들어가 소수의 병력을 얻어 산동지역을 횡행하는 일은 최군崔君만한 이가 없고, 대사에 임하여 기선제압하고 적을 염탐하는 일은 차군車君만한 이가 없습니다. 변고에 대비하며 무기를 수선하는 일은 저 안극함이 감히 사양하지 않겠습니다"라고 하였다. 최효일이 말하기를 "좋습니다"라고 하였다. 마침내 하늘에 맹세하며 결의를 맺은 다음, 혹은 산과 골짜기에서 휘파람을 부는 것으로 군호를 정하고, 혹은 바다 상인에게 부탁하여 등주와 내주萊州에 배를 띄워 순행하였는데 마을에서는 모두 웃으며 말하기를 "저들은 스스로 대장부라 칭하지만 도리어 물건을 파는 늙은이일 뿐이다"라고 하였다. 안극함과 차례량은 최효일이 중국으로 들어갈 때 그를 전송하였는데, 차례량이 술에 취해 노래를 부르자 안극함이 이에 화답하며 한밤중에 눈물을 흘렸다. 날이 밝자 최효일은 바다에 배를 띄웠고 차례량은 몰래 심양으로 갔으며, 안극함은 시장에서 준마와 예리한 검을 매매하였다. 이때 수루戍樓에 올라가 북쪽으로 요산遼山을 바라보고 오랫동안 흐느끼면서 배회하였다. 일이 크게 어긋나서 차례량은 금나라 사람들에게 붙잡혔고 금나라 군주가 조선에 사신을 보내자 급히 안극함을 체포하려 하였다. 누군가가 도망가기를 권하였는데 안극함이 말하기를 "난 실패했으니 한 번 죽으면 그만일 뿐이다"라고 하여 결국 체포되었다. 금나라 사신이 한양에 도착해서 안극함을 죽이라고 하였다. 안극함은 죽음에 임하였을 때 눈을 감고 금나라 사신을 꾸짖기를 "오랑캐 도적을 죽이지 못하여 명나라 황제께 보답하지 못한 것이 한일 뿐이다"라고 하였다. 차례량은 심양에서 죽었는데 그의 종부제從父弟 차원철車元轍은 평소 탁월한 재능, 기개와 지조가 있었다. 금나라 사람들이 압록강에 다다랐을 때 차례량의 일족을 죽였는데 조선 사람이 속이기를 "아! 원철元轍이여, 너는 무슨 죄로 칼을 받고자 한단 말이냐. 너는 원씨이다. 원씨는 무죄이거늘 너는 어찌하여 이러느냐"라고 하자, 차원철이 크게 외치기를 "너는 차례량의 동생 차원철을 듣지 못하였느냐. 사나이로 죽을 따름인데 어찌 성을 바꾸어 살아남겠는가"라고 하였다. 결국 죽임을 당하였다. 강한江漢 황경원黃景源이 「배신전陪臣傳」22)을 지었을 때 최효일, 차례량의 사적은 「배신전」에서 매우 상세하였지만 유독 안극함이 빠져있으니 역사의 결문缺文이다.

【原文】

安克諴者, 龍川府人也. 以勇力聞於東海, 能文章, 忼慨有膽略. 天啓中, 金人日盛, 數犯朝鮮, 朝鮮以李希健守龍川, 號曰洪陽君. 克諴事洪陽君, 築龍骨城. 金人攻之, 城中兵散, 洪陽君走. 時克諴之父浚, 與李立設柵浦口, 爲死守計. 推李立爲將, 克諴辭洪陽君, 往從之. 一日三戰三勝, 歸附者日

---

22) 황경원의 문집 『강한집』에 실려 있는 「명배신전明陪臣傳」을 가리킨다.

衆, 衆至數千人. 毛文龍遂聞于朝, 帝嘉之. 拜李立都督, 賜銀字牌. 先是, 劉綎戰死深河, 克諴欲提戈入虜中以快志, 有兄克諧尼之, 遂太息而止. 時年十八. 崇禎九年, 從林將軍入錦州衛, 及還, 義州崔孝一·宣川車禮亮仗劒至. 克諴曰, 君輩遠訪我, 寧有意乎. 禮亮曰, 中原亂矣, 將計安出. 克諴大悅, 請與共事. 孝一曰, 吾入登州得兵, 擣瀋陽, 子與禮亮從東海而起, 金虜不難滅矣. 克諴抵掌笑曰善. 入中國得褊師, 橫行海岱間, 莫如崔君. 臨大事制機偵敵, 莫如車君. 繕戎器以待變, 克諴不敢辭. 孝一曰善. 遂誓天以自結, 或聚嘯山谷, 或托以海商, 泛舟遊於登萊之徼, 里中皆笑曰, 彼輩自稱大丈夫. 乃反爲販貨翁耶. 克諴與禮亮, 送孝一入中國, 禮亮酒酣以歌, 克諴和之. 中夜乃泣. 平明, 孝一浮于海, 禮亮潛往瀋陽, 克諴市駿馬利劒. 時陟戍樓, 北望遼山, 欷歔彷徨者久之. 事大謬, 禮亮被執於金人. 其主遣使朝鮮, 捕克諴甚急, 或勸之去, 克諴曰, 吾矢一死焉耳. 遂爲其所捕. 金使械至漢陽殺之. 臨死, 瞋目叱金使曰, 恨不殺胡賊以報明天子耳. 禮亮死於瀋陽, 其從父弟元轍素卓犖有氣節. 及金人莅鴨綠江, 夷禮亮之族, 朝鮮人紿之曰, 唉元轍. 若以何罪欲受刃爲哉. 若元氏也. 元氏無罪, 爾何爲哉. 元轍大呼曰, 爾不聞禮亮之弟車元轍乎. 男兒死耳, 豈變姓而偸活耶. 遂見殺. 江漢黃景源爲陪臣傳, 如崔孝一・車禮亮事, 爲其傳頗詳, 獨於克諴而闕之者. 史之觖文也.

12. 백대붕

　　백대붕白大鵬은 전함사典艦司의 종이었다. 시를 잘 짓고 술 마시기를 좋아하였다. 재능이 뛰어나고 굳세어서 열사와 의협의 풍모가 있었다. 일찍이 유희경劉希慶과 노닐었는데, 두 사람 모두 세상에서 시인으로 알려졌다. 백대붕은 일찍이 지은 시는 이러하였다.

　술에 취하여 머리에 수유를 꽂고 홀로 스스로 즐기며,
　배에 밝은 달이 가득하여 빈 병을 베었다네.
　주변 사람들아, 무엇을 하는지 묻지 마오.
　백발이 풍진에 날리는 전함사의 종이라오.

　　醉揷茱萸獨自娛
　　滿舡明月枕空壺
　　傍人莫問何爲者
　　白首風塵典艦奴

그 호탕함과 굽히지 않음이 이와 같았다. 만력 초에 통신사通信使 허성許筬을 수행하여 일본에 갔으며, 임진년 싸움 때 순변사巡邊使 이일李鎰을 수행하여 상주尙州에서 싸우다가 죽었다. 당시 이일은 도주하였는데 그를 종사하던 사람들은 모두 순절하였다. 조정에서 장사 지내고 제사를 지내는 비용을 주는 것이 매우 두터웠는데 유독 백대붕은 받지 못하여서 사람들이 모두 이를 애석하게 여겼다. 내가 일찍이 의사 김일金鎰의 묘에 묘지명을 지었다. 김일은 상주 사람이며 이일이 도주했을 때 힘을 다해 싸우다 죽었다. 딸이 있었는데 나이는 17세였고, 그 시신을 지고 장사 지냈다. 비석은 있었지만 새기지 않았으며, 말하기를 "훗날에 마땅히 비명碑銘을 짓는 사람이 있을 것이다"라고 하였다. 200년 후에 금상(정조)의 명으로 단을 쌓고 싸우다 죽은 사람들을 제사 지냈으며[23]

---

23) 1793년(정조 17) 4월 4일에 경상감사 정대용鄭大容이 장계를 올려 의병을 일으켰던 김일이 충의단에서 배향되지 못하고 있다고 하자 정조가 전교하여 김일을 배향하라고 하였다. (『일성록』 정조 17년 4월 4일 기사 참고)

내가 곧 그 비에 비명을 새겼으니 그 말이 비로소 효험이 있게 되었다.

【原文】

白大鵬者, 典艦司之奴也. 能詩善飮酒, 俊逸橫健, 有烈俠之風. 嘗與劉希慶遊, 二人者俱以詩聞於世. 大鵬嘗有詩曰, 醉揷茱萸獨自娛, 滿舡明月枕空壺, 傍人莫問何爲者, 白首風塵典艦奴. 其豪宕不肯屈如此. 萬曆初, 隨通信使許筬赴日本, 壬辰之役, 隨巡邊使李鎰, 戰于尙州以死之. 時鎰遁去, 其從事皆殉節. 贈䘏甚優, 獨大鵬不與焉, 人皆嗟惜之. 余嘗銘義士金鎰之墓. 鎰尙州人也, 當李鎰走時, 金鎰力戰死. 有女年十七, 負其屍而葬之. 碑而不刻曰, 後當有銘者. 其後二百年, 今上命築壇以祠戰亡諸人, 余乃銘其碑, 其言始驗.

13. 김우석

    김우석金禹錫은 영유현永柔縣 사람이며 기개와 절조를 좋아하였다. 술 마시고 시를 지으면서 일이 뜻대로 되지 못함을 불평하였다. 숭정 병자년(1636) 청나라 사람이 우리나라를 침략하자 김우석은 적을 피해 자모산성慈母山城으로 들어갔다. 조정이 화친한다는 말을 듣고 시를 지어서 성문에 크게 썼다.

우리는 대명大明 천자의 백성이니,
황은皇恩은 흑사년黑蛇年의 기록이 아직도 있다네.
【만력 계사년을 가리키는 것으로 왜란 때 구원한 일이다】
사람들아, 지금 어떤 세상인지 아는가.
차라리 동해를 밟아 진秦나라가 제帝라 한 것[24]을 부끄러

---

24) 전국시대 제나라의 처사處士 노중련魯仲連이 진나라를 황제국으로 떠받들자고 유세하는 사람에게 "만일 진나라를 황제로 받든다면 나는 차라리 동해에 빠져 죽겠다"라

워하노라.

> 我是大明天子民
> 皇恩尙記黑蛇春
> 【指萬曆癸巳 救倭亂時事】
> 人間今日知何世
> 寧蹈東溟恥帝秦

청나라 장수가 이걸 보고 크게 화를 내며 그를 베려고 하였는데 김우석은 분개하며 굽히지 않았다. 그의 아들 김응원金應元은 10세였는데 김우석을 안으면서 자신을 대신 죽이라고 애걸하자 청나라 장수가 그 효성에 감동하여 함께 풀어주었다. 충신忠信을 말하고 독경篤敬을 하는 것은 오랑캐의 나라 어디서도 행할 수 있으니, 성인이 어찌 우리를 속이겠는가. 당시에 만滿·한漢 사이에서는 세상이 김우석의 용기를 들었음에도, 조정에서는 결국 발탁하고 등용하지 못하였다. 애석하구나!

고 한 고사이다. (『사기』 권83, 「노중련추양열전」 참고)

【原文】

金禹錫者, 永柔縣人也, 好氣節. 飮酒賦詩, 坎壈不平. 崇禎丙子, 清人東搶, 禹錫避冦入慈母山城. 聞朝廷講和, 作詩大書城門曰, 我是大明天子民, 皇恩尙記黑蛇春, 【指萬曆癸巳救倭亂時事】人間今日知何世, 寧蹈東溟恥帝秦. 清將見之大怒, 欲斬之, 禹錫忼然不屈. 其子應元年十歲, 抱禹錫乞以身代, 清將亦感其孝, 并釋之. 言忠信行篤敬, 蠻貊之邦尙可行, 聖人豈欺余哉. 當時滿漢之間, 金禹錫之勇聞天下, 而朝廷終未能拔而用之. 惜哉.

14. 마순상

　마순상麻舜裳은 마귀麻貴의 손자이다. 만력 25년 (1597)에 왜가 조선을 침입하자 황제가 명하여 총병 総兵 마귀에게 남북군南北軍을 통솔하여 이를 정벌하게 하였다. 마귀가 부장 해생解生과 참장參將 팽우덕彭友德을 보내 청산현靑山縣에서 적을 격파하고 또 직산현稷山縣에서 격파하였다. 마귀와 진린陳璘·유정劉綎·동일원董一元이 네 갈래로 나누었는데 마귀는 동쪽에 있었다. 당시 왜추倭酋 청정淸正과 연이어 싸워 이를 격파하고 전후로 사로잡은 수가 1천여 명이어서 우도독右都督으로 승진하였으니, 조선을 회복하는 데에 마공麻公이 으뜸으로 공을 세웠다. 마귀의 아들 마리광麻里光은 일찍이 준화총병遵化総兵이 되어 심하深河에서 전사하였다. 그에게 아들이 있었는데 마순상이라 하였다. 지휘동지指揮同知를 세습하였고, 심하의 싸움에서 오랑캐에게 잡혀 있었다가 6년 뒤에 도망쳤다. 천계天啓 정묘년(1627)에 등주登州에서 군량을 감독하였는데 바다에서 표류하여 황해도 풍천부豊川府에 이르렀다. 조정에서는 감히 이를 수용할 수 없었고, 마순상 또한 스스로 자랑하지 못하였으므로 그가 떠돌아다녔다는 사실을 다시는 듣지 못하였다. 당시 대신이었던 김육金堉을 만나 남방에서 누에 치는 일을 설명하였는데 대개 그 뜻은 선비 기르는 일을 누에 치는 일에다가 비유한 것이었다. 그 뜻은 받아들여지지 못하였고 전라도 땅에서 죽었다. 당시 마 장군이 동쪽으로 왔을 때는 군문軍門 밖에서 엎드려 감히 우러러보지 못하였는데, 지금 그의 손자가 왔을 때는 임금의 은혜를 받지 못하였으니 대개 그 시세가 그렇게 만든 것이다.

【原文】

麻舜裳者, 麻貴之孫也. 萬曆二十五年, 倭冦朝鮮, 帝命総兵麻貴統南北軍以征之. 貴遣副將解生 參將彭友德, 破賊于靑山縣, 又破之稷山縣. 貴與陳璘·劉綎·董一元分四路, 貴居東. 當倭酋淸正, 連戰破之, 前後俘獲以千計, 進右都督, 朝鮮之復, 麻公爲首功焉. 貴子里光, 甞以遵化総兵 戰死深河. 有子曰舜裳. 世襲指揮同知, 深河之役, 被擄入胡中, 六年而逃. 天啓丁卯, 督餉于登州, 遂漂海抵海西之豊川府. 朝廷不敢用, 舜裳亦不自衒, 故淪落不復聞焉. 甞遇大臣金垍, 說南方養蠶事, 盖其意欲以諷養士如養蠶也. 因不得志, 死於湖水之南. 當麻將軍之東來也, 頼伏轅門之外, 不敢仰視, 今其孫之來也, 不得霑祿, 盖其勢使然爾.

15. 홍순언

  홍순언洪純彦은 남양부南陽府 사람이다. 가정嘉靖 연간에 홍순언은 통사通事로 북경에 갔는데 미녀가 천금의 가치가 있다는 말을 들었다. 마침내 관리에게 청하여 은을 그 액수만큼 주고 가서 그 여인을 보았는데 그 여인은 머리를 드리우고 말없이 눈물만 흘렸다. 홍순언이 그녀에게 물어보자, 여인이 말하기를 "저는 강남 사람입니다. 아버지가 관원이셔서 따라왔지만, 아버지가 돌아가시고 고향으로 돌아가서 장사지낼 수 없으니 스스로 몸을 팔아 돌아가려 했을 따름입니다"라고 하였다. 홍순언이 이 말을 듣고 슬퍼하며 자신이 가진 은으로 되돌려보냈다. 빌린 은은 쌓인 빚이 되었는데 환수되지 않았으므로 관아에서 고발하여 강원도로 유배 갔다. 그 후에 여인은 석성

石星에게 시집을 갔다. 석성은 관직을 지내면서 예부상서禮部尙書에 이르렀는데, 매번 우리나라에서 사신이 오면 자주 홍순언이 있는지 물었다. 선조宣祖가 홍순언을 용서하여 다시 통사通事로 삼아 마침내 종계변무사宗系辨誣使[25)]로 보냈다. 홍순언이 또 북경에 가서 예부와 관계된 일을 보았는데 석성과 석성의 부인이 그를 초견招見하여 옛 은혜에 감사 인사를 하였다. 명 받은 일을 마치고 돌아가자 선조가 그를 가상히 여겨 광국훈신光國勳臣으로 책봉하고 당릉군唐陵君에 봉하였다. 석성의 부인은 일찍이 스스로 비단 수백 단을 짰는데 매번 '보은단報恩緞' 세 글자를 수놓았고 이를 홍순언에게 주었다. 선조가 명하여 홍순언이 사는 제동第洞의 이름을 '보은단동報恩緞洞'이라고 하였다. 임진년의 난리 때 석성은 병부상서兵部尙

---

25) 조선 건국 초부터 선조 대까지 『대명회전』 등에 잘못 기재된 태조 이성계의 가계를 수정할 것을 요청하기 위해 명나라로 파견된 사신을 말한다. 홍순언은 1584년(선조 17)에 종계변무주청사宗系辨誣奏請使 황정욱黃廷彧·서장관書狀官 한응인韓應寅과 함께 역관의 자격으로 명나라에 갔다.

書가 되었고, 또한 힘써 출병할 뜻을 주장하였으니 한 여인의 작은 일이 우리나라의 종무宗誣를 씻어주고, 또 출병하여 나라를 회복시켜 주었다. 장하다고 이를 만하다.

【原文】

洪純彦者, 南陽府人也. 嘉靖中, 純彦以通事赴京, 聞有美女價直千金. 遂乞銀于僚官, 如其數以往見其女, 垂首不言而涕. 純彦問之, 女曰, 某江南人也. 隨父之官, 父死無以返葬, 欲自鬻營歸耳. 純彦聞而悲之, 予其銀而歸. 貸銀者以積債不還訴于官, 謫配嶺東. 其後女子適于石星. 星歷官至禮部尙書, 每東使至, 輒問純彦所在. 昭敬王赦還, 復爲通事, 隨宗系辨誣使. 又赴京, 事關禮部, 石星及夫人招見, 道謝舊恩. 令竣事以還, 昭敬王嘉之, 策光國勳, 封唐陵君. 夫人嘗自織錦數百端,每端繡報恩緞三字, 以贈純彦. 昭敬王命純彦所居第洞名曰報恩緞洞. 壬辰亂, 石星爲兵部尙書, 又力主出兵之議, 一女子之微, 而能洗東國之宗誣, 又能出兵以復其國. 可謂壯哉.

16. 나덕헌

　나덕헌羅德憲의 자는 헌지憲之이고, 그 선조는 예장豫章 사람인데 송나라 말기에 바다를 건너 동쪽으로 와서 나주에 본적을 받고 나주 사람이 되었다. 만력 계묘년(1603)에 무과에 등재하여 선조宣祖를 섬겼다. 가도椵島의 유흥치劉興治가 난을 일으키자 나덕헌은 접반사로서 섬 안을 살펴보고 은밀한 사정을 캐내어 보고하였다. 숭정 계유년(1633)에 신사信使로써 심양으로 갔을 때 금나라 임금26)이 군사를 배치하여 호위하고서 접견했는데 나덕헌은 의연하게 서 있었다. 갑술년(1634)에 또 심양으로 갔다. 마침 그릇된 말이 있었는데 본조本朝가 구원병으로 명나라를 도와 금나라 사람을 협공한다는 것이었다. 이 때문에

---
26) 청 태종 홍타이지를 가리킨다.

금나라 사람들이 나덕헌을 욕하였으므로 매우 곤경해졌다. 병자년(1636)에 또 심양으로 갔다. 평양에 이르렀을 때 금나라의 사자 영아이대英俄爾代[27])가 나덕헌에게 돌아갔다가 일이 끝나기를 기다려 같이 심양으로 가자고 하였다. 나덕헌이 말하기를 "당신이 당신 임금의 명을 따르는 것은, 마땅히 내가 우리나라의 명을 따르는 것과 같소. 감히 어길 수 없는 것은 한결 같소"라고 하며 끝내 따르지 않았다. 이때 관찰사 홍명구洪命耇는 금나라의 사신이 서달西㺚[28])과 이르러 서달의 말에 기대어 그 군주를 높이려 해서 서달의 공물을 허락하지 않았다. 금나라 사신은 이를 듣지 않고 한양에 도착하였다. 태학생들은 교대로 상소하면서 이들을 베라고 청하였고, 길거리 아이

---

27) 용골대龍骨大(1596~1648)를 가리킨다. 만주어로는 '타타라 잉굴다이'이다. 용골대는 청 태조를 따라 명나라와의 전쟁에서 여러 차례 공을 세웠다. 1635년 칭제건원을 조선에 통보하러 사신으로 왔다가 격앙된 조선의 여론 때문에 위협을 느껴 탈출했으며, 이듬해인 1636년 병자호란 당시에 남한산성을 포위하면서 조선과 화의 협상을 했다.

28) 몽고를 가리킨다.

들은 기왓장을 던지며 쫓아냈다. 금나라 사신은 마침내 도망쳐서 의주로 돌아와서 나덕헌을 보고 말하기를 "조선은 남조南朝29)만 따르고 있으니 어째서 천명을 알지 못하는 것이오"라고 하였다. 나덕헌이 말하기를 "우리나라는 신하로서 명나라를 섬긴 지가 또한 200년이나 되었는데 그대가 감히 거북한 말로 나를 떠보는 것입니까"라고 하였다. 금나라의 사신이 말하기를 "여러 왕이 존호를 더할 것을 의논하였는데 비록 따르지 않으려 해도 그럴 수 있겠소?"라고 하였다. 나덕헌이 큰 소리로 꾸짖기를 "내 머리가 칸의 조정에 걸려도 내 뜻을 굽힐 수 없소"라고 하였다. 이내 회답사回答使 이확李廓과 함께 심양관에 도착하였다. 4월 11일 오랑캐 기병 수십 명이 와서 말하기를 "칸께서 하례를 받고자 하신다"라고 하니, 나덕헌이 말하기를 "내가 죽을 곳을 얻었다"라고 하였다. 이확과 함께 동쪽을 향해 4번 절하고 관대冠帶를 찢은 뒤 검을 뽑아 다른 사람에게 주며 말하기를 "반드

---

29) 명나라를 가리킨다.

시 우리를 겁박하고자 한다면 빨리 우리 목을 베어라"라고 하였다. 두 사람은 서로 머리를 풀어 헤치고 상투를 묶은 뒤, 손가락을 끼어 꽉 쥔 채로 연이어 누웠다. 금나라 임금이 또 기병을 풀어서 재촉하여 두 사람을 하여 남교南郊로 몰아가도록 하였다. 당시 금나라 임금은 참람되게 존호를 받아 '관온인성제寬溫仁聖帝'라고 하였고, 국호를 '대청大淸', 연호를 '숭덕崇德'이라 하였다. 팔고산八固山[30]과 여러 왕자가 수놓은 홍영紅纓을 쓰고 좌우에 배열하였으며 두 사람을 재촉하여 모전毛氈 장막이 드리운 곳의 반열에 나아가도록 하였다. 창검이 서로 부딪치는 소리를 내고 사나운 오랑캐들은 담장처럼 에워쌌는데, 두 사람은 그 사이에서 산처럼 서 있었으며 동요하지 않고 눈을 부릅뜨고 바라보았다. 금나라 임금이 아랫사람들에게 명하여 두 사람의 손발을 잡아 거꾸로 매달게 하니 머리카락과 수염이 아래로 늘어졌다. 나덕헌은

---

30) 고산은 만주어로 '기旗'를 가리킨다. 팔고산은 곧 팔기군을 의미한다.

이 당시 64세였지만 오히려 힘으로 저항하였는데 마치 육박전을 벌이는 것 같았다. 금나라 임금이 그를 회유하며 말하기를 "하례에 참여하면 살 것이고, 하례에 참여하지 않으면 살지 못할 것이다"라고 하였다. 나덕헌이 성난 목소리로 말하기를 "차라리 하례에 참여하지 않고 살지 않을지라도 하례에 참여하여 살아남는 것은 차마 할 수 없습니다"라고 하였다. 이에 채찍질을 번갈아 내리치니, 옷에는 피가 흥건하고 땅은 붉은색이 되었다. 한인漢人 중에서 투항한 자들은 얼굴을 붉히며 죽고 싶어하지 않는 이가 없었다. 다음 날, 금나라 임금이 동쪽 교외에서 제사 지내고 또 두 사람을 잡아다가 절을 하라고 협박하였다. 나덕헌이 말하기를 "죽인다면 단지 죽을 뿐이다"라고 하면서 꾸짖으니 끝내 꺾이지 않았다. 오랑캐들이 또 그를 구타하여 오른쪽 갈비뼈를 부러뜨렸다. 이윽고 나덕헌에게 음식을 먹였는데 기절했다가 다시 깨어나 그릇을 발로 찼다. 또 다음 날, 금나라 임금이 큰 연회를 열고서 장차 두 사람을 죽이려고 하였는데 금나라 임금의 조카 요퇴要魋가 간언하기를 "저들은 죽는 것을 영광으로 여길 것입니다. 만약 정말 죽인다면 우리는 사신을 죽였다는 오명을 가지게 되고, 저들은 절개를 이루었다고 할 것이니 역시 다른 나라에 비웃음을 살까 두렵습니다"라고 하였다. 금나라 임금은 마침내 죽이지 않고 글을 봉함하여 나덕헌에게 주었다. 나덕헌은 봉함된 글을 열어 보고자 하였는데 금나라 임금은 기병 100명에게 나덕헌을 통원보通遠堡까지 내쫓도록 하였다. 나덕헌은 스스로 생각하기를 금나라 임금의 서신에 새 인장이 찍혔으니 가지고 갈 수도 없고, 또 훼손하여 버릴 수도 없어서 몰래 종이 상자 안에 넣어 말 한 마리에 싣고 통원보 사람에게 말하기를 "말이 병들었으니 잠시 심양으로 돌려보내고 기다리도록 하겠습니다"라고 하였다. 이에 변방에서는 이확과 나덕헌이 오랑캐 조정에서 하례에 참석했다는 말이 전해져서 관찰사가 그들을 벨 것을 청하였다. 이조판서 김상헌金尚憲이 말하기를 "두 사람은 의로써 저항한 것이 매우 명백하니 죄는 참형이 마땅하지 않습니다"라고 하였다. 임금이 명하여 나덕헌은 백마성白馬城, 이확은 선천부宣川府로 각각 유배를 보내라고 하였다. 도독 심세괴沈世魁가 포로로부터 두 사람이 굴복하지 않았다는 상황을 듣고서 황조皇朝에 보고하기를 "반역한 오랑캐가 협박했어도 조선 사신들은 의를 지켰습니다"라고 하였다. 수개월 후 금나라 사람들이 우리나라를 침략하였다. 임금이 금나라 임금의 군영으로 가자, 금나라 임금이 묻기를 "나덕헌은 어디에 있소? 지난번에 그를 굴복시키지 못했는데 지금 서로 만날 수 없소?"라고 하였다. 심양 사람들은 이확과 나덕헌의 항절도抗節圖를 그려 미덕을 기렸으며, 열황제烈皇帝[31]는 심세괴가 상주하였으므로 감군어사監軍御史 황손무黃孫茂를 보내서 칙명을 내려 포상하고 유시諭示하려 하였다. 그러나 심세괴가 죽어서 이러한 일을 듣지 못하였다. 나덕헌은 후에 통어사統禦使가 되었고, 경진년(1640)에 졸하였다. 나덕헌은 사람됨이 뜻이 크고 장엄하였으

---

31) 명나라 숭정제를 가리킨다.

며, 말할 때는 높고 엄격하였고 일을 헤아려서 움직일 때는 마치 신령과 같았다. 일찍이 금나라 사신이 왔을 때, 홀연히 말을 달려 사라졌는데 사람들이 모두 놀라서 의아해하였다. 나덕헌이 병조판서 김시양金時讓을 찾아가서 지공자支供者에게 동문 밖으로 가 있으라고 하고 말하기를 "이 오랑캐는 반드시 남한산성을 정탐하면서 다른 사람들이 예측하지 못하게 하려는 것이오. 그러나 돌아올 때는 반드시 성 밖에서 쉴 것이니, 우리가 만약 먼저 마중 나가 있으면 저들은 감히 우리나라에 사람이 없다고 말하지 못할 것이오"라고 하였다. 후에 과연 그의 말과 같았으며, 금나라 사신은 무안한 기색을 띠었다. 일을 도모하고 때때로 기책을 내는 것이 이와 같았다. 금상(정조) 무술년(1778)에 특별히 병조판서로 추증하고 시호를 '충렬忠烈'이라 하였다. 만약 나덕헌이 그때를 만나지 않았더라면 또한 마찬가지로 일개 무부武夫에 그쳤을 뿐이었을 것이다. 곤경에 빠지고 낭패를 당해도 죽을지언정 후회하지 않는 것은 비록 홍호洪皓·주변朱弁[32)

이라도 많이 양보할 수 없을 것이다. 아! 위대하구나.

【原文】

羅德憲, 字憲之. 其先豫章人也, 宋末, 有浮海而東者, 受籍于羅州, 爲羅州人. 萬曆癸卯, 以武科事昭敬王. 及椴島劉興治之難, 德憲以接伴使觇島中, 獲其隱情以聞. 崇禎癸酉, 以信使赴瀋, 金主列兵衛甚盛以見之, 德憲立嶷然也. 甲戌, 又赴瀋, 會有譌言謂本朝助兵皇明, 挾討金人也. 故金人辱德憲甚困焉. 丙子, 又赴瀋, 至平壤, 遇金使者英俄爾代請德憲還, 待其事竣, 偕之瀋. 德憲曰, 爾之於爾君之令, 猶吾之奉吾國命耳. 不敢違一也. 遂不從. 時觀察使洪命耈以金使者, 與西猲

---

32) 홍호(1088~1155)와 주변(1085~1144)은 모두 남송의 관료이며 금나라에 사신으로 갔다가 금나라의 괴뢰국인 제나라에 벼슬하라는 제의를 거절하여 억류되었다. 후에 금나라와 남송 간에 화의가 성립되면서 풀려나 남송으로 되돌아왔다.

至. 欲藉西㺚之言而共尊其主也. 不許西㺚之貢幣. 金使者不聽. 至于王京. 太學生交章請斬之, 街路童子投瓦石逐之. 金使者遂逃還之義州, 見德憲曰, 朝鮮徒尊南朝, 奈何不識天命. 德憲曰, 我國臣事明朝, 且二百餘年, 若敢以嫚語昝我耶. 金使者曰, 諸王子議加號, 雖欲不從得乎. 德憲大叱曰, 吾首懸汗庭, 吾志不可屈. 乃與回答使李廓, 俱到瀋館. 四月十有一日, 虜數十騎來言汗欲受賀, 德憲曰, 吾得死所. 與李廓東向四拜, 裂冠帶, 因拔劍授人曰, 必欲劫我, 速斫我頸. 二人相與解髮, 騈首綰髻, 交手指堅握, 鉤連而卧. 金主又縱騎促之, 執二人驅之南郊. 時金主受僭號, 曰寬溫仁聖帝, 國號大淸, 年號崇德. 八固山諸王子, 繡襖紅纓, 排列左右, 促二人就班氈帷. 劍槊相戞, 獰胡如堵, 二人山立於其間, 張目視之. 金主令其下執二人手脚而倒之, 髮鬢盡落. 德憲時年六十四, 尙力拒如搏戰狀. 金主誘之曰, 參賀生, 不參賀不生. 德憲厲聲曰, 寧不參賀不生, 不忍參賀而生. 於是鞭箠交下, 血漬于衣, 地爲之赤. 漢人投降者, 莫不赧然欲死. 其明日, 金主祠東郊, 又執二人贅之拜, 德憲曰, 殺則殺耳. 罵逐不絕. 虜又毆之, 折右脇, 因饋饌德憲, 氣絕復蘇, 踢其器. 又明日, 金主大會, 將議殺二人. 金主之兄之子要魋諫曰, 彼以死爲榮, 若果殺之, 我有殺使之名, 彼有成仁之節, 亦恐貽笑於他國. 金主遂不殺. 緘書以授德憲, 德憲欲開緘以視之, 金主使百騎驅德憲至通遠堡, 德憲自念金主書押以新印, 不可以齎往. 又不可以毀棄, 乃潛置紙布笥中, 負以一馬, 謂堡人曰, 馬瘏矣, 姑送瀋陽以俟之. 於是邊上傳言廓德憲參賀虜庭, 觀察使請斬之, 吏曹判書金尙憲言二人抗義甚明白, 罪不當斬. 王命謫德憲于白馬城, 廓于宣川府. 都督沈世魁, 因俘人聞二人不屈狀, 告于皇朝曰, 逆虜迫贅, 朝鮮臣守義. 居數月, 金人東侵, 王如金主營, 金主問羅德憲安在, 嚮者若不屈, 今不得相見耶. 瀋人作廓德憲抗節圖而美之. 烈皇帝因沈世魁奏, 遣監軍御史黃孫茂, 降勅褒諭. 而世魁死, 莫得以聞. 德憲後爲統禦使, 庚辰卒. 德憲爲人簡亢莊重, 言議激厲, 料事動輒如神. 甞金使之來也, 忽躍馬而逸, 人皆驚惑. 德憲就見兵曹判書金時讓, 令支供者往候東門外曰, 此虜必陰覘南漢, 欲人不得測. 然歸必少憩城外, 我若先迎候, 彼不敢謂我無人, 已而果若其言, 金使憮然色沮, 其謀畫往往出奇如此. 今上戊戌, 特贈兵曹判書, 諡曰忠烈. 若使羅德憲不遇其時, 卽亦行間之一武夫而止焉耳. 因頓顛躓之死而不悔者, 雖於洪皓朱弁, 未易多讓. 於乎偉哉.

17. 서산대사

　서산대사西山大師는 완산完山 사람이고, 세속에서의 성은 최씨이다. 부친 최창세崔昌世는 기자묘箕子廟의 참봉參奉이다. 대사가 태어나고 3세일 때 한 노인이 그 부친에게 이르기를 "나는 어린 사문沙門을 보러 왔습니다"라고 하였다. 마침내 두 손으로 아이를 들어 주문을 몇 마디 하고 정수리를 어루만지며 말하기를 "운학雲鶴을 이 아이의 자字로 하십시오"라고 하였는데 갑자기 노인의 모습이 사라졌다. 이에 이름을 운학이라고 하였다. 일찍이 여러 아이와 놀 때마다 돌을 세워 불상을 만들고 모래를 쌓아 탑을 만들곤 하였다. 장성해서는 풍채와 골격이 빼어났고 학문에 힘써서 해이하지 않았으며, 부모를 지극한 효성으로 모셨다. 10세 때 부모가 돌아가시자 성균관에서 학문을 배웠는데 울울하여 뜻에 맞지 않았고, 남쪽 지리산을 유람하다가 마침내 선지禪늡를 깨달아 영관대사靈觀大師에게 법을 듣고 숭인장로崇仁長老 아래에서 머리를 깎았다. 30세에 선과禪科에 합격하였고 대선大選을 거쳐 선교양종판사禪敎兩宗判事에 올랐는데 홀연히 탄식하기를 "내가 출가한 뜻이 어찌 여기에 있겠는가"라고 하고서 인끈을 풀고 풍악산으로 돌아갔다. 임진왜란 때 임금이 서쪽 의주[龍彎]로 몽진하자 검을 짚고 길에서 알현하였다. 임금이 말하기를 "세상의 어지러움이 극에 달하였는데 네가 구제할 수 있겠느냐"라고 하였다. 마침내 눈물을 흘리며 명을 받들었다. 임금이 팔도십육종도총섭八道十六宗都摠攝에 임명하였으며 지방에 유시하여 그를 예우하게 하였다. 당시에 설영雪英이 강원도에서 군사를 일으키고 처영處英은 전라도에서 군사를 일으켰다. 대사는 승병 1500명을 모집하고 강원도와 전라도의 승군 5,000명과 합세하여 제독 이여송과 함께 목단봉牧丹峯에서 왜적과 싸워 참획한 수가 매우 많았으며 왜적은 밤에 도주하였다. 대사가 용맹한 병사 100명을 이끌고 도성으로 돌아오는 어가를 맞이하고 말하기를 "신의 나이는 80이라 정신력은 이미 소진했습니다. 청컨대 군사 일을 신의 제자 유정惟政과 처영에게 속하게 해주십시오"라고 한 뒤 서산으로 돌아갔다. 유정은 설영이다. 왕이 그 뜻을 아름답게 여겨 '국일도대선사선교도총섭부종수교보제등계존자國一都大禪師禪敎都揔攝扶宗樹敎普濟登階尊者'라는 호를 하사하였다. 갑진년(1604) 정월 23일에 묘향산妙香山 원적암圓寂菴에 비구들을 모아 향을 사르고 설법하였고 영본影本을 가져다가 그 뒤에 글을 썼는데 "80년 전에는 저 사람이 나였는데, 80년 후에는 내가 저 사람이었구나"라고 하였다. 마침내 부좌趺坐를 한 채 서거하니, 그의 나이는 85세이고 법랍法臘은 67세였다. 기이한 향이 방 안에 가득하였는데 20여 일 후에 비로소 사라졌다. 대사의 호는 '휴정休靜'이고 당호를 '청허淸虛'라고 하였다. 일찍이 향로봉香爐峯에 올라 시를 지었다.

만국萬國의 도성은 개미둑 같고
천가千家의 호걸은 초파리 같네

　萬國都城如垤蟻
　千家豪傑若醯鷄

대사는 비록 세상에서 빛을 감추어서 드러나지 않으려 했지만 도道를 묻는 이들이 날이 갈수록 많아졌다. 제독 이여송李如松이 시를 지어 보냈다.

공과 이익을 도모하는 데 뜻이 없었고
오로지 마음은 도선道仙을 배웠다네
지금 왕사王事가 위급함을 듣고서
총섭捴攝이 산을 내려왔도다

　無意圖功利
　專心學道仙
　今聞王事急
　捴攝下山巓

이여송은 또한 칭찬하기를 "존서尊書를 자세히 완미하니 수양하신 바를 살피기에 충분합니다"라고 하고, 붉은색 서첩을 주었다. 동쪽으로 출병한 문무文武 여러 공公들도 또한 나라를 위하여 적을 토벌하고 충의가 해를 관통하였으니 감사하는 마음을 이기지 못하여 각각 은 5냥과 청포靑布 1단으로 삼가 의향義饗을 도왔으며 그 명단은 다음과 같다.

칙사勅使 행인사행인行人司行人 설번薛藩

흠차경략계요보정산동등처방해어왜군무가일품복병부우시랑欽差經略薊遼保定山東等處防海禦倭軍務加一品服兵部右侍郞 송응창宋應昌

찬화병부원외贊畫兵部員外 유황상劉黃裳

병부주사兵部主事 원황袁黃

관전독진寬奠督陣 섭방영葉邦榮

참찬군기사동지參贊軍機事同知 정문빈鄭文彬

지현知縣 조여매趙汝梅

경리호부주사經理戶部主事 애유신艾維新

흠차포정사도어사欽差布政司都御史 한취선韓取善

요동도사遼東都司 장삼외張三畏

경력經歷 등번鄧璠

흠차제독계요보정산동등처방해어왜군무총병관중군도독부도독녕하백겸태자소부欽差提督薊遼保定山東等處防海禦倭軍務総兵官中軍都督府都督寧夏伯兼太子少傅 이여송

중협수부총병도독中協守副総兵都督 양원楊元

좌협수부총병左協守副総兵 이여백李如栢

우협수부총병도지휘右協守副総兵都指揮 장세작張世爵

원임도사原任都司 이진李鎭

중도사中都司 오몽표吳夢豹

유격遊擊 장접章接

유격 이문승李文昇

독진유격督陣遊擊 서휘徐輝

의주위참장義州衛參將 이여매李如梅

참장參將 낙상지駱尙志

통령선부동로부총병統領宣府東路副総兵 양소선楊紹先

제독표하중군참장提督標下中軍參將 방시춘方時春

통령선부부총병統領宣府副総兵 임자강任自强

통령선부유격統領宣府遊擊 주홍모周弘謨

통령대동영유격統領大同營遊擊 고책高策

통령대동영유격統領大同營遊擊 곡수谷燧

유격 왕승은王承恩

통령표하친정유격統領標下親丁遊擊 이녕李寧

진정유격眞定遊擊 조문명趙文明

보정유격保定遊擊 양심梁心

섬서유격陝西遊擊 고철高徹

산서유격山西遊擊 시조경施朝卿

참장參將 진방철陳邦哲

경략표하유격經畧標下遊擊 전세정錢世禎

밀운표영도사密雲標營都司 방시휘方時輝

건창거영도사建昌車營都司 왕문王問

방해남병유격防海南兵遊擊 오유충吳惟忠

참장 호택胡澤

유격 왕수관王守寬

준화좌영참장遵化左營參將 이방춘李芳春

원임참장原任參將 장응충張應种

참장 곽몽징郭夢徵

참장 소국부蘇國賦

참유參遊 동양중佟養中

참유 호란관胡鸞寬

전부총병前副総兵 동양정佟養正

부총병副総兵 조승훈祖承訓

부총병 사대수査大受

원임부총병原任副総兵 손수렴孫守廉

부총병 왕유정王維貞

부총병 왕유익王有翼

부총병 오희한吳希漢

경력 손론孫論

경략위관통판經畧委官通判 왕군영王君榮

기고중군旗皷中軍 왕승은王承恩

중군中軍 왕여정王汝禎

답응관答應官 이기명李起明

경략 심사현沈思賢

유격 장기공張奇功

유격 갈봉하葛逢夏

유격 심유경沈惟敬

유격 척금戚金

유격 왕우적王友迪

감독도사監督都司 누대유樓大有

유격 대호변戴胡弁

참유 이욱李郁

참유 이여오李如梧

참유 조지목趙之牧

참장 주역배周易拜

    중국인들에게 존중을 받았던 것이 이와 같았다. 금상 갑인년(1794)에 명하여 유상遺像을 모시는 당을 세웠고, 임금께서 친히 명銘을 지으셨다.

【原文】

西山大師者, 完山人也. 俗姓崔氏, 父昌世爲箕子廟參奉. 師誕三歲, 而有老人謂其父曰, 吾訪少沙門耳. 遂以兩手擧兒, 呪數聲撫其頂曰, 以雲鶴字此兒. 因忽不見. 以故名曰雲鶴. 嘗與羣兒遊, 輒立石爲佛, 聚沙爲塔. 及長, 風骨英秀, 力學靡懈, 事其親至孝. 十歲而父母歿, 就學於泮宮, 矻矻不得意, 南遊智異山, 遂悟禪旨. 聽法於靈觀大師, 剃髮於崇仁長老. 年三十, 中禪科, 自大選陞禪敎判兩宗事, 忽喟然歎曰, 吾出家之志, 豈在於斯乎. 卽解綬歸楓岳, 及壬辰之役, 國王西幸龍灣, 乃仗劍道謁. 王曰, 世難極矣, 爾可弘濟耶. 遂泣而拜命, 命爲八道十六宗都捴攝, 諭方岳禮遇之. 當是時, 雪英起於關東, 處英起於湖南. 師募緇徒一千五百, 合關東湖南僧軍五千人, 與提督李如松, 戰倭于牧丹峯, 斬獲甚多. 倭宵遁, 師以勇士百人, 迎駕還都曰, 臣年八十, 精已耗矣. 請以戎事屬臣之徒惟政處英, 歸老西山, 惟政者雪英也. 王嘉其志, 賜號國一都大禪師禪敎都捴攝扶宗樹敎普濟登階尊者. 甲辰正月二十有三日, 會比丘於妙香山之圓寂菴, 爇香講法, 取影本書其背曰, 八十年前渠是我, 八十年後我是渠. 遂趺坐而逝, 年八十五. 法臘六十七, 異香滿室, 二十餘日而始歇, 師法號休靜, 名其堂曰淸虛. 嘗登香爐峯題詩曰, 萬國都城如垤蟻, 千家豪傑若醢鷄. 師雖韜光不耀于世, 而問道者日衆, 李提督嘗以詩贈之曰, 無意圖功利, 專心學道仙, 今聞王事急, 捴攝下山巓. 李如松亦稱細玩尊書, 足覘所養, 子以紅束, 東征文武諸公, 又以爲國討賊, 忠誠貫日, 不勝珍謝. 各以銀五兩靑布一段, 謹助義饗, 日勅使行人司行人薛藩, 欽差經略薊遼保定山東等處防海禦倭軍務加一品服兵部右侍郞宋應昌, 贊畫兵部員外劉黃裳, 兵部主事袁黃, 寬奠督陣葉邦榮, 參贊軍機事同知鄭文彬, 知縣趙汝梅, 經理戶部主事艾維新, 欽差布政司都御史韓取善, 遼東都司張三畏, 經歷鄧璠, 欽差提督薊遼保定山東等處防海禦倭軍務総兵官中軍都督府都督寧夏伯兼太子少傅李如松, 中協守副総兵都督楊元, 左協守副総兵李如栢, 右協守副総兵都指揮張世爵, 原任都司李鎭, 中都司吳夢豹, 遊擊章接, 遊擊李文昇, 督陣遊擊徐輝, 義州衛參將李如梅, 參將駱尙志,統領宣府東路副総兵楊紹先、提督標下中軍參將方時春、統領宣府副総兵任自強、統領宣府遊擊周弘謨、統領大同營遊擊高策、統領大同營遊擊谷燧、遊擊王承恩、統領標下親丁遊擊李寧、眞定遊擊趙文明、保定遊擊梁心、陝西遊擊高徹、山西遊擊施朝卿、參將陳邦哲、經畧標下遊擊錢世禎、密雲標營都司方時輝、建昌車營都司王問、防海南兵遊擊吳惟忠、參將胡澤、遊擊王守寬、遵化左營參將李芳春、原任參將張應种、參將郭夢徵、參將蘇國賦、參遊佟養中、參遊胡鸞寬、奠副総兵佟養正、副総兵祖承訓、副総兵查大受、原任副総兵孫守廉、副総兵王維貞、副総兵王有翼、副総兵吳希漢、經歷孫論、經畧委官通判王君榮、旗皷中軍王承恩、中軍王汝禎、答應官李起明、經畧沈思賢、遊擊張奇功、遊擊葛逢夏、遊擊沈惟敬、遊擊戚金、遊擊王友迪、監督都司樓大有、遊擊戴胡弁、參遊李郁、參遊李如梧、參遊趙之牧、參將周易拜、其見重於中國人有如此,今上甲寅,命建遺像之堂,以宸章銘之.

18. 정봉수

 정봉수鄭鳳壽는 하동부河東府 사람이다. 대대로 평안도 철산부鐵山府에서 살았다. 정봉수의 사람됨은 충직하고 순후하며 담략膽略이 있었으며 신장은 7척이었다. 만력 임진년 전쟁 때 무과에 급제하였으며 종군하여 공을 세웠다. 부친이 죽은 후 그 무덤을 지키며 관직을 구하지 않았다. 일찍이 시험 삼아 검무劍舞를 추었는데 변방을 걱정하는 듯 보였다. 철황제悊皇帝[33] 7년(1627) 건주의 오랑캐 기병 10만이 밤에 압록강을 건넜는데 좌우로 나뉘어 한쪽은 조선을 공격하고, 한쪽은 동강東江을 공격하였다. 동강은 도독 모문룡毛文龍이 지키고 있는 곳이었다. 오랑캐는 정봉수의 명성을 듣고 영전令箭을 보내서 부르기를

---
33) 명나라 천계제天啓帝를 가리킨다.

"와서 목숨을 보전하라. 그렇지 않으면 죽을 것이다"라고 하였다. 정봉수가 말하기를 "내가 불행히도 난리를 만났지만, 장차 죽어서 나라에 보답할 것이다"라고 하였다. 당시 절제사 장사준張士俊은 용골성龍骨城을 수비하고 있었는데 오랑캐에게 빌며 투항하였다. 오랑캐는 장사준을 용골성의 진장鎭將으로 삼았다. 정봉수는 용골성 지형이 험요[34]한 곳이 많은 것을 계산하여 큰일을 도모할 수 있을 거라 여기고 장사 이광립李光立과 함께 성으로 달려 들어갔다. 이 날 장대將臺의 깃대에는 쌍무지개가 언뜻 보였고, 흰색과 검은색 구름이 동쪽에서 서쪽으로 오는데 오랫동안 서로 어지럽게 보였다. 사람들이 모두 괴이하게 여겼고, 무사 김종민金宗敏은 눈물을 흘리며 정봉수를 보고서는 같이 죽기를 청하였다. 정봉수가 말하기를 "그대가 관서關西의 젊은이들을 모을 수 있겠는가?"라고 하자, 김종민이 말하기를 "난리를 당한 뒤라 호응하는 사람이 없으니 어찌하겠습니까"라고 하였

---

34) 원문은 '險粟'이라고 되어 있으나 '險要'의 오자인 듯하다.

다. 정봉수는 동생이 있었는데 정인수鄭麟壽라고 하였으며 계책을 잘 세웠고 기개와 절의가 있었다. 이내 말하기를 "술책으로 속여야지, 의리로 설득해서는 안 됩니다"라고 하였다. 정봉수가 말하기를 "옳은 일을 일으키려는데 먼저 속임수를 써야 하겠는가?"라고 하니, 정인수가 말하기를 "그렇지 않습니다. 성안군成安君[35]은 기이한 계책을 쓰지 않아서 결국 지수泜水에서 패하였고, 안평군安平君[36]은 1개 성에 의지하였지만, 제나라를 온전히 회복하였는데, 신神이 군사를 돕고 있다며 군중을 현혹시켰습니다"라고 하였다. 마침내 김종민에게 명하여 젊은이들을 모으도록 하고, 대오를 편성하였다. 이때 오랑캐가 장사준을 시

---

35) 초한楚漢전쟁 당시 조趙나라의 재상이었던 진여陳餘를 가리킨다. 진여는 광무군廣武君 이좌거李左車의 계책을 듣지 않고 정형井陘에서 한나라의 한신韓信과 정면으로 싸웠지만 한신의 계략에 걸려 패배하였다.

36) 전국시대 제나라의 장수였던 전단田單을 가리킨다. 연나라의 악의樂毅가 이끄는 군사가 제나라를 거의 점령하였을 때 화공火攻을 써서 연나라 군을 격퇴하고 영토를 회복하였다.

켜 성안의 남녀는 나와서 각각 쌀 10두씩 지고 의주로 수송하도록 명하였고, 어기는 자는 장차 벨 것이라 하였다. 정봉수가 크게 기뻐하며 말하기를 "대사가 이루어질 것이다"라고 하였다. 김종민에게 명하여 군중들에게 선언宣言하도록 하였다. 이르기를 "오랑캐가 우리 군사들이 많은 것을 두려워하고 있다. 쌀을 져다 나른다는 명분이지만 실제로는 유인하여 죽이려고 하는 것일 뿐이다"라고 하자, 군중들이 모두 어수선해졌다. 다음날, 장사준이 성 안 사람들에게 명령을 내려 10살 이상은 창고 아래에 모이게 하였다. 장사준은 제장들과 함께 진충루盡忠樓 위에 앉아서 창고를 열어 쌀을 나누었는데 남자는 한 사람당 5두斗, 여자는 한 사람당 3두였다. 김종민은 장사壯士 이촉립李矗立에게 앞장서서 칼을 빼 들고 군중 사이로 들어가게 한 다음 쌀더미 위에 서서 크게 외치도록 하였다. "아! 만약 너희가 오늘 쌀을 짊어지고 가게 된다면 다음날에 압록강에서 죽게 될 것이다. 아! 너희가 차라리 이 쌀을 먹고 이 성을 지켜서 충신이 되겠느냐. 아! 너희가 믿고 성을 지키는 것은 쌀 때문인데 쌀이 흩어진다면 무엇을 먹겠느냐"라고 하니 백성들이 이 말에 호응하여 모두 성을 지키기를 원하였다. 이촉립이 말하기를 "정 장군鄭將軍이 있으니 이때를 잃어서는 안 된다"라고 하였다. 장사 이희로李希老가 칼을 뽑고 외치기를 "우리의 대장이 정해졌다"라고 하며 칼을 휘둘러 백성들을 부르자 백성들이 모두 기세가 올랐다. 정봉수의 어깨를 부축하여 견여肩輿에 태우고 장대將臺에 이르렀는데, 장사준의 좌우에는 사람이 아무도 없었다. 정봉수가 제장 40여 명을 나누어 배치하고 김종민을 중군中軍으로 삼았다. 장사준이 의주로 갈 것을 청하자 제장들은 그를 베는 것이 좋다고 말하였다. 정봉수가 말하기를 "사준은 의주로 가고자 할 것이니, 오랑캐를 격동시켜 오게 하면 오랑캐를 격파할 수 있을 것이다"라고 하였다. 마침내 장사준을 놓아주었는데 장사준이 과연 정예 갑병甲兵 300명을 이끌고 와서 북산北山의 관목 사이에 숨고서 불을 피우면 출병하기로 약속하였고,

밤을 틈타 성으로 들어왔다. 정봉수가 명하여 그를 베자 따라왔던 오랑캐는 마침내 퇴각하였다. 며칠 뒤에 오랑캐 군사 3만 명이 성을 포위하고 수차례를 빙 돌자, 성 위에서 사람들이 오랑캐 말로 꾸짖기를 "오랑캐 놈들아. 감히 싸우려 하니, 싸우려면 빨리 싸우자. 너희 살점을 먹고 싶다"라고 하였다. 오랑캐 우두머리가 크게 화를 내며 방패를 두르고 전진하면서 고함을 질렀는데 산과 계곡이 진동하였다. 성 위에서 화살과 돌을 동시에 발사하자 오랑캐의 선봉으로 달려오던 수천 명이 모두 쓰러져 시체가 계곡에 가득하였다. 묘시卯時부터 신시申時까지 5번이나 크게 싸웠고 오랑캐는 대패해 도주하였다. 이내 사람을 보내 모문룡에게 헌부獻俘[37]하자, 모문룡이 크게 기뻐하면서 편의로 혼자 결정하여 정봉수를 수비도사守備都司의 직책에 제수한 뒤 은패銀牌를 주면서 글로 위로하기를 "충성스러운 마음은 해를 꿰뚫고 장대한 기상이 하늘까지 뻗쳤도다"라고 하였다. 이때 오랑캐

---

37) 전쟁에서 이긴 후 포로를 바쳐 고하는 일을 말한다.

군사가 양책관良策館에 있었는데 정예병이 수천 명이었다. 바야흐로 오랑캐 군영을 야습하여 이를 크게 대패시키고 전후로 크게 싸워 잠깐 사이에 적장을 사로잡았다. 그 공으로 의주부윤義州府尹에 제수되었고 호남병마절도사湖南兵馬節度使로 옮겼다. 이윽고 졸하자 병조판서에 추증되었고 시호를 '양무襄武'라고 하였다.

【原文】

鄭鳳壽者, 河東府人也. 世居關西之鐵山府, 鳳壽爲人, 忠厚有膽畧, 身長七尺. 萬曆壬辰之役, 中武擧, 從軍有勞. 父死, 守其墓不求仕. 嘗試劒舞鞘, 如有邊憂者. 愍皇帝七年, 建州虜騎十萬, 夜渡鴨綠江, 分左右, 一抵朝鮮, 一抵東江. 東江者都督毛文龍之所鎭也. 虜聞鳳壽名, 遣令箭招之曰, 來則獲全. 否且屠之. 鳳壽曰, 我不幸遭難, 將死且報國. 時節制使張士俊守龍骨城, 乞降於虜,虜以士俊爲龍骨鎭將,鳳壽計龍骨地險粟多,可以圖大事,與壯士李光立馳入城. 是日將臺旗竿,有雙虹閃起,白黑雲自東西來,相盪者久,人皆恠之. 武士金宗敏泣見鳳壽,請與同死,鳳壽曰,君可募關西少年乎. 宗敏曰,喪亂之餘,莫有應者,爲之奈何. 鳳壽有弟曰麟壽,善計事,且有氣節. 乃言曰,可以術紿,未可以義說. 鳳壽曰,欲舉義而先以詐動衆可乎. 麟壽曰,否不然,成安君不用奇計,終有泜水之敗,安平君倚一城而復全齊,徒以神師惑衆耳. 遂令宗敏紿少年,編之軍伍. 時虜使士俊出一城男婦,各負米十斗送灣上,違者將斬之. 鳳壽大喜曰,大事成矣. 遂令宗敏宣言於衆曰,虜憚我衆,以負米名,而實欲誘而致之死耳. 衆皆洶洶, 明日,士俊下令城中人十歲以上皆會倉下,士俊與諸將坐盡忠樓上,開倉分米,男一人五斗,女一人三斗,宗敏使壯士李矗立挺身按劒,瞥入衆中,立於積米之上,大呼曰,唉. 若等今日負米而往, 明日死於鴨水耶. 唉. 若等寧食此米守此城, 而爲忠臣乎. 唉. 若等所恃而守城者米也, 米散而何食焉. 衆乃應聲, 咸願守城. 蠧立日, 鄭將軍在矣, 時不可失耳. 壯士李希老拔劒而呼曰, 吾將定矣. 揮劒招衆, 衆皆踴躍, 扶鳳壽上肩輿至將臺, 士俊左右虐無人, 鳳壽分署諸將四十餘人, 以宗敏將中軍, 士俊請往義州, 諸將皆言斬之爲便, 鳳壽曰, 士俊欲往義州者, 欲激虜而來也. 虜至可破, 遂縱士俊, 士俊果引精甲三百, 伏北山叢木中, 約擧火而發, 乘夜入城. 鳳壽命斬之, 以殉虜遂退. 居數日, 虜兵三萬, 圍城數匝, 城上人爲胡語罵曰, 羯虜敢戰, 戰且速. 欲食汝肉. 虜酋大怒, 擁楯而前, 呼聲振山谷. 城上矢石齊發, 虜前驅數千皆斃, 橫尸滿谷. 自卯至申, 凡大戰五, 虜大敗走. 乃遣人獻俘於毛文龍, 文龍大喜, 便宜專制, 授鳳壽守備都司之職, 賚以銀牌. 以書勞之曰, 忠心貫日, 壯氣干霄. 時虜兵在良策館, 帥精銳數千. 方夜襲虜營大敗之, 前後大戰輒獲醜, 以其功拜義州府尹, 遷湖南兵馬節度使, 及卒, 贈兵曹判書. 諡曰襄武.

19. 이형익

이형익李亨翼은 침의鍼醫이다. 숭정 병자년에 어가를 호종하여 남한산성으로 들어갔다. 이에 앞서 청나라 사람이 서쪽 변경을 침범했는데 관찰사觀察使와 절도사節度使는 모두 도주하였다. 바로 하룻밤 만에 도성으로 적이 뒤쫓아 와서 어가가 남한산성으로 행차하여 청나라 군을 피하였다. 승평군昇平君 김류金瑬와 완성군完城君 최명길崔鳴吉이 화의和議를 외치며 명나라 천자를 배신하고 오랑캐의 신하가 되고자 하였다. 이형익은 마침내 울면서 임금에게 말하기를 "아! 이것이 어느 때란 말입니까. 군신과 부자가 성을 등지고 한번 싸워서 사직을 따라 죽는 것이 의義입니다. 원손과 대군大君께서 강화도에 계시므로 혹시라도 다시 회복될 수 있을지 모르는데, 그러지 않고 오랑캐와 화친하면 전하께서 환도할지라도 무슨 면목으로 신민臣民을 보시겠습니까. 서쪽 변경의 장병들은 적 때문에 임금을 저버렸으니 그 죄는 마땅히 참형해야 합니다. 청컨대 화친을 주장한 신하들과 병사를 거느리면서 임금을 돕지 않은 자는 모두 베고 사기를 격동케 해야 합니다"라고 하였다. 임금이 말하기를 "너의 말은 비분강개하니 나도 마땅히 생각하겠다"라고 하였다. 얼마 지나지 않아 김류와 최명길이 화의하러 떠나자 이형익은 비분강개하며 죽었다. 애석하도다! 이때를 당하여 이형익은 방기方技 사이에 침륜沈淪하여 관리로서[38] 책무가 없었다. 그러나 김류와 최명길 세력이 중외中外를 압도하자 이를 거스르고 곧바로 죽고자 하여 홀로 걸연傑然하게 두려워하지 않고 그 머리를 벨 것을 청하였으니 얼마나 장하던가. 나는 전부터 그의 인물됨이 호전胡銓[39]도

---

[38] 이형익에 대한 기록은 『승정원일기』에도 실려 있다. (『승정원일기』 인조 15년 1월 2일 기사 참고)

[39] 호전(1102~1180)의 자는 방형邦衡이며 남송 고종 때 관료로 금나라와 화의를 주장한 진회秦檜·손근孫近·왕륜王

미치지 못할 것이라고 여겼다. 이름은 인몰湮沒되어 드러난 것이 없으니 애석하도다. 하무저夏無且가 약주머니로 형가荊軻를 막아서40) 아직도 후세에 들리는데 하물며 이형익임에랴.

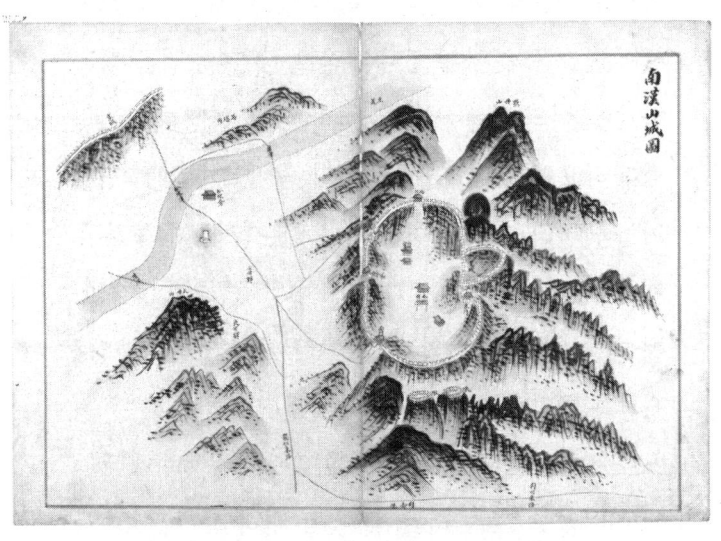

규장각 소장 「동국여도」(古大4790-50) 중 남한산성도.

倫 등을 베고 척화를 주장하였다. 시호는 충간忠簡이다.
40) 하무저는 진시황의 시의侍醫였다. 형가가 진시황을 암살하려 할 때 진시황은 기둥을 돌면서 달아났는데 하무저가 약주머니를 던져 진시황을 구했다.

【原文】

李亨翼鍼醫也. 崇禎丙子, 扈駕入南漢城. 先是清人犯西塞, 觀察使·節度使皆走. 直一夜趍王京, 駕幸南漢以避之, 昇平君金瑬·完城君崔鳴吉倡和議, 欲背明天子, 爲臣妾於虜. 亨翼遂泣言于上曰. 噫嘻此何時也. 君臣父子, 背城一戰, 以殉社義也. 元孫大君在江都, 庶或重恢, 不然而與虜和, 殿下縱還都, 何面目見臣民乎. 西塞將兵者, 以賊遺君, 罪當斬, 請與主和之臣瑬鳴吉及擁兵不勤王者並斬之, 用激士氣, 上曰, 爾言慷慨, 予當思之. 未幾, 瑬鳴吉之議行, 而亨翼悲憤死矣. 嗟乎. 當是時, 亨翼沈淪方技間, 無官守之責. 而瑬鳴吉勢傾中外, 忤之則立死, 猶傑然不懾, 請斬其首, 何其壯也. 余嘗以爲若人者, 胡銓不及也. 名湮沒而無稱, 惜哉. 夏無且以藥囊提荊軻, 尙聞後世, 況亨翼乎.

20. 전만거

　전만거田滿車는 해주海州 사람이다. 수양산首陽山 아래에서 은거하였는데 산에 고사리가 많고, 청성묘淸聖廟가 세워져 있었기 때문이다. 청성묘는 백이와 숙제의 묘당이다. 전만거의 나이는 70세였는데도 활달하고 비분강개하였다. 그의 아내와 함께 수양산 들판에서 밭을 갈며 때때로 밤에는 독서하였는데, 사람들은 그가 현자인 줄 알지 못하였다. 숙묘肅廟 기묘년(1699)년 그해에 큰 가뭄이 들어 조정에서는 연경燕京에서 곡식을 구해왔다. 간관 정호鄭澔가 불가하다고 말하였지만[41], 조정의 의론은 이미 정해졌다. 마침내 동해東海[42]에 배를 띄워 여러 길로 나누어

---

41) 『숙종실록』에서는 정호가 1698년에 청나라 곡식을 수입하는 것이 이롭지 않다는 상소를 올렸다고 하였다.(『숙종실록』 권32, 숙종 24년 4월 29일 기사 참고)

주었다. 전만거는 시를 지어 이를 사양하였다. 그 시에서 다음과 같이 말하였다.

듣자니 길에 연산燕山의 곡식이
동쪽으로 2만 곡斛이 운반되었다고 하네
해서의 백성들에게는 빌려주지 말거라
수양산의 고사리가 푸르다네[43]

聞道燕山粟
東輸二萬斛
莫貸海西民
首陽薇蕨綠

또 다음과 같이 말하였다.

나는 본래 청한清寒하여 소 1마리만 있어서
밭을 다 갈면 중추中秋에는 골짜기에 한가로이 놓아준다네
소를 타고 속세로 향하지 않는 것은

---

42) 우리나라에서 바라보면 서해이고, 중국에서 바라보면 동해에 해당한다.
43) 주나라가 은나라를 멸망시키자 백이伯夷와 숙제叔齊가 수양산에 은거하면서 고사리를 먹었다는 고사이다. (『사기』 권61, 「백이열전」 참고.)

그해에 귀를 씻은 물을 소에게 먹일까[44] 염려해서였다네

> 我本淸寒有一牛
> 輟耕閑放峽中秋
> 騎來不向人間路
> 恐飮當年洗耳流

이내 산속으로 도망가 고사리를 캐 먹었는데 언제 죽었는지 알 수 없었다. 백이와 숙제는 은나라 때 사람이다. 주나라 곡식을 먹는 것을 부끄러워하였으니 본래 그러한 것이다. 전 선생은 해외海外의 은거하는 백성일 뿐이어서 살아서는 명나라 천자를 알지 못하였지만, 연경의 곡식으로 배고픔을 달래지 않았으니, 어찌 백이와 숙제보다도 뛰어나지 않겠는가.

---

44) 요堯 임금이 은사隱士였던 허유許由에게 임금의 자리를 물려주겠다고 하자 허유는 더러운 말을 들었다며 영수潁水에서 귀를 씻었고, 소부巢父는 소에게 물을 먹이러 왔다가 허유가 귀를 씻은 이유를 듣고 상류로 올라가 물을 먹였다는 고사이다. (『고사전高士傳』 권상卷上, 「소부」 기사 참조.)

【原文】

田滿車者, 海州人也 隱居首陽山下, 山多薇蕨, 有淸聖廟立焉. 淸聖廟者, 夷齊廟也. 滿車年七十, 磊落忼慨. 與其妻耕首陽之野, 時夜讀書, 人無知其賢者. 肅廟己卯, 歲大饑, 朝廷求糴於燕京, 諫臣鄭澔言其不可. 廷議牢定, 遂泛舟東海, 分賑諸路. 滿車作詩以辭之. 其詩曰, 聞道燕山粟, 東輸二萬斛, 莫貸海西民, 首陽薇蕨綠. 又曰, 我本淸寒有一牛, 輟耕閑放峽中秋, 騎來不向人間路, 恐飮當年洗耳流. 仍逃之山中, 採薇而食, 不知所終. 伯夷·叔齊者殷人也. 恥食周粟, 固然也. 田先生, 海外之逸民耳. 生不識明天子, 而不以燕粟救其飢, 豈不遠過乎夷·齊哉.

21. 윤담

　윤담尹儋은 자가 한경漢卿이고 남원부南原府 사람이다. 증대부曾大父 윤형지尹衡志는 포의布衣의 신분으로 정묘년(1627)의 화의를 배척하고 오랑캐 하인을 참할 것을 청하여 곧은 명성이 천하에 알려졌다. 한경은 체격이 우람하였으며 침착하고 뛰어난 지략이 있었다. 부귀와 명리名利를 대할 때는 그 뜻을 당해내기 부족하다고 여기며 항상 우울해하고 임금이 있는 궁궐을 떠올렸다. 마침내 골짜기 강 상류에 살 곳을 정하여 부인, 자식들과 거문고와 책, 닭과 개를 한배에 싣고 돛을 올린 뒤 떠나서 은둔하였다. 훌훌 털고 떠나갔으므로 예측할 수가 없었는데 가끔 소를 타고 시가로 와서 시장에서 술을 마시고 쓸쓸히 웃으며 말하기를 "만약 내가 세상에 쓰인다면 생각하는

데에 마음을 수고롭게 여기고, 일을 함에 몸이 수고롭게 되겠지만, 피폐해지면 쉴 수가 없을 것이니 남아 있는 게 몇이겠는가. 지금 내 밭에는 조粟가 있고 산에는 섶薪이 있고 고독하게 행동하고 공손히 거처하고 있다. 나에게 무엇이 필요하겠는가"라고 마침내 은둔하고는 돌아오지 않았다. 나는 한경이 일찍이 거처하였던 곳이 영월이라 들었는데 노릉魯陵[45]의 두견새 소리만 들려 탄식과 한숨이 나오지 않은 적이 없었다. 아! 한경은 세속 밖에서 노닐었던가.

【原文】

尹儋字漢卿, 南原府人也. 曾大父衡志以布衣, 斥丁卯和議, 請斬虜价, 直聲聞天下. 漢卿魁偉長者, 深沈有大略. 視富貴名利, 不足當其意, 常欝欝有雲霄想. 遂卜居峽江之上, 妻孥琴書鷄犬載一舡, 張帆而去逸. 擧飄然有不可測者, 有時騎牛來城

---

45) 단종端宗의 무덤을 가리킨다.

市, 市酒飲, 啞然笑曰, 使我爲世用, 心勞於慮, 身勞於事, 弊弊不能休, 存者幾何. 今我田有粟山有薪, 踽踽而行, 恂恂而處, 於我何有乎哉 遂隱而不返. 余聞漢卿嘗居越中, 聞魯陵鵑聲, 未始不糸欷太息也. 嗟乎. 漢卿其遊方之外者歟.

22. 박태성

　박태성朴泰星은 밀양부密陽府 사람이고, 3세 때 부친이 사망하였다. 자라서는 언제나 눈물을 흘리면서 부친의 얼굴을 뵙지 못한 것을 한으로 여겼다. 63세가 되었을 때 부친이 세상을 떠난 해가 돌아오자 최복衰服을 갖추고 무덤 옆에 초막을 지어 날마다 묘에서 곡을 하였다. 묘 앞에는 오래된 삼나무 한 그루가 서 있었고, 그 꼭대기에는 새 둥지가 있었는데 메추라기의 몸에 비둘기 색깔이었다. 사람들은 그 새 이름을 알지 못하였다. 박태성이 초막에서 나가면 새도 곧 저장苴杖[46)]에 둘러앉았으며 묘에 도착하면 새가 나무 위로 날았다. 박태성이 곡을 하면 새도 역시 곡을 하였고 곡절曲折을 하며 왕복하면 서로 오르내

---

46) 상중에 쓰는 대지팡이를 말한다.

렸다. 박태성이 곡을 그치면 새도 곡을 그쳤는데 묘에서 초막에 이르기면 저장으로 따라와 내려갔으며, 초막 안으로 들어가면 떠났다. 이를 일과로 삼아 3년을 하루와 같이하였다. 상을 마쳤을 때 새는 어디에 있는지 알지 못하였다. 시인 이병연李秉淵[47)]이 「이조가異鳥歌」를 지었는데 마을의 선비와 아녀자들이 지금도 이 노래를 부르고 있다. 마땅히 박효자의 일생을 새처럼 눈으로 보고 느껴야 할 것이다. 공자가 말하기를 "사람이 새보다 못하면 되겠는가"[48)]라고 하였다. 새에는 부끄러운 기색이 없으니 이렇게 함이 옳구나.

---

47) 이병연(1671~1751)은 조선 후기 시인 겸 화가로 정선鄭敾과 함께 김창흡金昌翕에게서 수학하였다. 홍낙임의 발문에 의하면 중국의 문인들이 그의 시를 보고서는 "명나라 이후의 시는 이것과 비교가 안 된다"라고 할 정도로 칭찬했다고 한다. 매화를 주제로 한 시를 많이 지었으며 저서로는 『사천시초槎川詩抄』가 있다.
48) 『대학장구大學章句』에 나오는 구절이다. (『大學章句』 「傳三章」 '於止, 知其所止, 可以人而不如鳥乎.')

【原文】

朴泰星者,密陽府人也.生三歲,其父死.及長,輒泫然恨未承父顏也.年六十三,而遇父死之年乃具衰服,廬其墓側,日侍墓呼哭.墓前立古杉一樹,有鳥巢其顛,鵲身鳩色.人莫能名.泰星出廬戶,鳥乃繞坐苴杖,及抵墓,鳥飛上樹.泰星哭,鳥亦哭,曲折往復,相上下.泰星止哭,鳥亦止哭,自墓至廬,隨苴杖而下,入其戶乃去.日以爲常,三年如一日.既免喪,鳥不知所之.詩人李秉淵作異鳥歌.村之士女至今歌之.當朴孝子之世,有能觀感如鳥者哉.夫子曰,可以人不如鳥乎.於鳥無愧色焉,斯可乎哉.

23. 최노

　최노崔老는 성환成歡의 역리驛吏였다. 대대로 성환역에서 역리를 지냈고, 나이는 70여 세였다. 무신년(1728)에 난을 당했을 때 당시 적의 기세가 아주 맹렬하여 충청도와 경상도에 계엄이 떨어졌는데, 역승驛丞인 강백姜柏은 도망갔고 여염집은 하나 같이 텅 비었으며 어린 닭과 강아지만이 들판에서 울부짖었다. 최노는 차마 떠나지 못하고 늙은 병졸과 더불어 정관亭館을 지켰다. 적의 우두머리 이인좌李麟佐가 3,000명의 병사로 역에 머무르면서 밤에 음악을 울리고 술을 마셨다. 최노는 부지런히 이를 날랐는데 4고鼓[49]가 되자 적들은 모두 취하여 잠들어 경탁警柝도 울리지 않고 깃발과 등불도 모두 꺼서 고요하였으니

---
49) 오전 2시~4시를 가리킨다.

마치 사람이 없는 듯하였다. 최노는 병졸에게 잠복하고 역의 뒤쪽 봉우리에서 "성환의 역리"라고 크게 소리치게 하였다. 최노가 "네"라고 답하자, 병졸이 "의금부의 기병 수백 명이 바야흐로 적을 잡으러 올 것인데 너희 역승은 어디 있고, 말을 먹이며 기다리지 않는 것인가. 그러지 않으면 참하겠다"라고 하니, 최노가 연이어 소리내며 응답하였는데 소리가 숲과 계곡을 진동시켰다. 분연히 뛰어나가 좌충우돌하면서 뜰 안에 말을 풀어 놓자, 서로 밟으면서 날뛰고 시끄럽게 굴었다. 적들이 바야흐로 술에 취해 잠들었다가 변고가 창졸간에 일어나니 황급하게 놀라 움직였지만 안정되지 못하여 태반이 흩어져 도망쳤다. 이인좌가 급히 회군하였지만, 군의 성세는 마침내 떨치지 못하였고 원수元帥[50]에게 사로잡혔다. 최노는 늙어

---

50) 오명항吳命恒(1673~1728)을 가리킨다. 1705년 식년문과에 을과로 급제하였으며 여러 관직을 지내다가 1724년 경종이 사망하고 소론이 실각할 때 사직하였다. 이후 1727년 정미환국으로 다시 관직에 나가 이조판서 및 병조판서를 역임하였다. 이듬해인 1728년에 이인좌의 난이 일어나자 판의금부사로 4도도순무사를 겸하여 난을 토벌하였고, 분

죽었지만 이름은 또한 전해지지 않는다. 마을 사람들은 '최충신崔忠臣'이라면서 칭찬하였다고 한다. 내가 일찍이 성환역에 도착하였을 때 '척수루滌愁樓'라 이르는 곳이 있었는데 최노가 사수하였던 곳이었다. 발길을 돌려 올라가 봤는데 쓸쓸함이 오래되었다. 그 당시에 지위가 장상將相이었음에도 적과 서로 호응하면서 성패를 관망한 자들은 그 사람됨이 하찮게 보이는구나!

무공신奮武功臣 및 해은부원군海恩府院君에 봉해졌다.

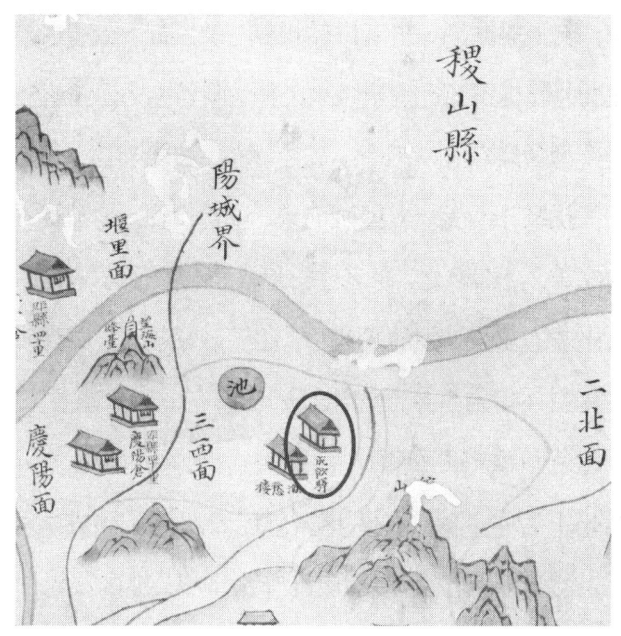

규장각 소장 「비변사인방안지도」 중 직산현과 성환역 부분.
원으로 표시된 부분이 성환역이다.

【原文】

崔老者, 成歡驛吏也. 世爲吏於成歡驛, 年七十餘. 當戊申之難, 時賊勢熾張, 湖嶺戒嚴, 驛丞姜柏走, 閭閻爲之一空, 雛鷄乳狗布野鳴號. 崔老未忍去, 與老卒守亭館. 賊首李麟佐以三千兵次于驛, 夜張樂飮酒. 崔老供給惟勤, 及四鼓, 賊衆皆睡酣, 警柝不響, 旗竿燈火盡滅, 闃若無人. 崔老使卒潛伏驛後峯大呼曰, 成歡驛吏. 崔老曰諾. 曰金吾緹騎十百輩, 方捕賊而來, 汝丞安在. 曷不秣馬以竢, 否則斬之, 崔老連聲應諾而出, 聲振林谷, 奮挺左右衝突, 因放馬庭中, 相蹄跌以撓之, 賊衆方睡酣, 變出倉卒, 惶急驚動靡所定, 太半散亡. 麟佐急回軍, 軍聲遂不振, 而因爲元帥所擒. 崔老老死, 名亦不傳. 邑人稱崔忠臣云. 余嘗到成歡驛, 有所謂滌愁樓者, 崔老死守之地也. 徘徊登覽, 惆悵者久. 當是時, 位將相而與賊相應 以觀望成敗者, 視若人何如哉.

24. 전횡도

　전횡도田橫島는 조선 홍주목洪州牧 앞바다에 있는데 일명 '오호도嗚呼島'이다. 토양은 매우 비옥하며, 닥나무와 옻나무, 전죽箭竹이 자란다. 둘레는 95리이며 옛 성터가 남아 있고 섬돌은 완연하다. 주변에는 작은 섬이 있어 '횡건橫巾'이라 하는데, 이곳이 전횡田橫이 두건을 걸었던 곳인 듯하다. 전횡은 제왕齊王 전영田榮의 동생이다. 고조高祖가 천하를 평정하자 전횡은 이윽고 그의 무리 500여 명과 함께 바다로 가 섬에서 살았다. 고조가 사신을 보내 그를 불렀는데 낙양에 다다르자 스스로 목을 베었다. 일찍이 『지도종요地圖綜要』를 보았는데, 전횡도는 묵해墨海 바깥에 있다고 하였다. 나는 이를 발해渤海로 보았지만, 곧 조선의 홍주 땅이었다. 만약 전횡이 500명의 의객義客

을 풀어 조선의 위씨衛氏에게 원조해달라고 유세하고, 북쪽으로 흉노, 노관盧綰51)과 연결하며, 남쪽으로 회음후淮陰侯52), 대상代相53)을 방문하여 직하稷下의 사람들을 격동하게 하고, 깃발을 들어서 단번에 소리치며 곧장 낙양으로 달려갔다면 천하의 일은 알 수 없었을 것이다. 그러나 고조가 이미 천하를 통일

---

51) 노관(B.C. 265 ~ B.C. 193)은 패현沛縣 출신으로 한 고조 유방과 같은 날 같은 동네에서 태어났다. 한 고조를 따라 거병하여 항우와 싸울 때 공을 세웠다. 이후 연왕燕王에 봉해졌으나 진희陳豨가 반란을 일으켰을 때 이에 연루되어 벌을 받는 것이 두려워서 흉노로 망명하였다.

52) 한신(? ~ B.C.196)을 가리킨다. 진나라 말기에 항량과 항우의 휘하로 들어갔으나 이후 한 고조 유방에게 귀의하였으며, 소하의 천거를 받아 한나라의 대장군이 되었다. 여러 차례 항우 군을 격파하여 한나라가 중국을 통일하는 데 공을 세웠으나 공신이 세력을 점차 키우는 것을 견제한 유방에게 견제를 받던 중, 부하 난열欒說이 한신이 진희의 반란에 연루되었다고 여태후에게 밀고하여 결국 체포되어 죽임을 당했다.

53) 진희(? ~ B.C. 196)를 가리킨다. 한 고조를 따라 공을 세웠고 조趙와 대代 지역에서 군사를 감독하였는데 빈객을 맞아들인 수가 많아서 이 때문에 한 고조의 의심을 받게 되었다. 결국 불안감을 느껴서 반란을 일으켰으나 실패하고 번쾌樊噲에게 목이 베였다.

하고 400년이 갈 것이라 점쳐졌으니, 전횡이 비록 군사를 움직여 난을 만들어도 또한 어려웠을 것이다. 바닷가의 수군이 오래되었어도 아직도 가리키며 눈물을 흘리는 이유는 전횡이 목숨을 바칠 사람을 얻어서였기 때문이다.

【原文】

田横島在朝鮮洪州牧前洋, 一名嗚呼島. 土甚肥饒, 産楮榛箭竹, 周九十五里, 有古城遺址, 石砌宛然. 傍有小嶼曰橫巾, 似是田横掛巾處. 田横者, 齊王榮之弟也. 高祖定天下, 横乃與其徒五百餘人, 入海居島中. 高祖使使召之, 詣洛陽自剄. 甞見地圖綜要, 田横島在卽墨海外. 余求之渤海, 乃朝鮮洪州地也. 使田横縱五百義客, 說朝鮮衛氏以爲援, 北結匈奴盧綰, 南聘淮陰侯·代相因激起稷下奸人, 揭竿一呼, 直趍洛陽, 天下事未可知也. 然高祖旣一統, 卜世四百, 横雖動兵作難, 亦難乎哉. 海上水師估老, 尚有指點泣下者有以也, 橫之得人死力也.

25. 비홍호

  비홍호飛鴻湖는 조선 경성부鏡城府 남쪽 90리에 있다. 세로의 길이는 60여 리이며, 깊이는 600여 척이다. 가운데에 섬이 있는데 '간양看羊'이라 하며 물가는 평평하고 초목이 가까이 없다. 모래는 깨끗하기가 비단을 깔아 놓은 것 같으며, 북해北海에는 겨우 30리이면 다다른다. 소무蘇武는 평릉후平陵侯 소건蘇建의 둘째 아들로 무제武帝 천한天漢 원년(B.C.100)에 중랑장中郎將으로 부절符節을 가지고 흉노에 사신으로 갔다. 흉노가 소무를 북해 위쪽의 사람이 없는 곳으로 보내 숫양을 기르게 하였다. 『한서』「소무전」에 이르기를 "흉노가 소무를 북해 위쪽으로 보냈다"라고 하였는데 사람들은 흉노의 영토를 알지 못하여서 단지 북쪽의 대택大澤만을 가리켰다. 아! 비로소 조선에 이른 것이 또한 기이하지 않은가. 비홍호의 이름은 안서鴈書에 나오는데 섬에서는 숫양을 키운다고 일컬었다. 그 풍속은 우둔하면서 순박한데 서책에는 실려 있지 않으니 의아하다. 사마천의 「흉노전」에 이르기를 "흉노는 동쪽으로 예맥濊貊, 조선과 접한다"라고 하였으니 여기서 흉노가 북쪽으로 조선에 이르렀음을 알 수 있다. 『요동지遼東志』에서 '목랑고木郞古'라고 한 것이 곧 이 터라고 한다.

【原文】

飛鴻湖在朝鮮鏡城府南九十里. 其縱長六十餘里, 其深六百餘尺. 中有島曰看羊, 洲渚平衍, 無草樹之傅焉. 沙潔如鋪練, 抵北海僅一舍. 蘇武者, 平陵侯建之中子也, 武帝天漢元年, 以中郞將, 持節使匈奴. 匈奴徙武北海上無人處牧羝. 傳云匈奴徙武北海上, 人不知匈奴彊域, 徒指爲坎維之大澤也. 嗟乎. 始得之朝鮮, 不亦奇哉. 湖之名以鴈書也, 島因牧羝而稱焉. 然其俗鹵樸, 不能載之書策. 故或有疑之者. 司馬氏匈奴傳曰, 匈奴東接濊貊朝鮮. 於是匈奴北抵朝鮮可知也. 遼東志所謂木郎古, 卽其墟云.

26. 구봉산

구봉산九峰山은 조선 운산군雲山郡 동쪽 20리에 있는데 산에 9개의 봉우리가 있어서 그러한 이름을 가지게 되었다. 소나무, 전나무와 맹수가 많으며 가운데 산기슭에는 높다란 봉분이 있는데 '황제분皇帝墳'이라고 한다. 송 문제宋文帝 원가元嘉 13년(436)에 대연大燕의 황제 풍홍馮弘[54]이 탁발씨拓拔氏에게 곤욕을 받아 상서尚書 양이陽伊를 보내 고구려에 맞이해달라고 요청하였다. 고구려 왕 거련巨璉[55]은 명하여 갈로葛廬, 맹광孟光에게 장차 수만 명의 백성을 맞이하러 가라고 하였다. 용성龍城에 들어가 무기고

---

54) 풍홍(?~438)의 자는 문통文通이며 5호 16국 중 북연北燕의 마지막 군주이다. 조카 풍익馮翼을 제거하고 황위에 올랐지만 북위의 위협을 받아 436년에 고구려로 망명했다.
55) 고구려 장수왕長壽王의 이름이다.

와 날카로운 병기를 모두 취하고, 크게 약탈한 뒤 돌아왔다. 풍홍이 요동에 이르렀을 때 거련이 사신을 보내 그를 위로하며 말하기를 "용성왕龍城王 풍군馮君께서 여기까지 오셔서 노숙하느라 군사와 말이 고달프겠습니다"라고 하니, 풍홍은 부끄러워하며 화를 냈다. 거련은 평곽平郭에 그를 두었다가 이내 북풍北豊으로 옮겼다. 풍홍은 평소에 고구려를 업신여기면서 형정刑政과 상벌을 여전히 자기 나라에서 하듯이 행하였다. 거련이 이내 그의 시종들을 빼앗고 태자 왕인王仁을 볼모로 삼자 풍홍이 매우 화내며 송나라에 사신을 보내 표表를 올리고 맞이해달라고 요청하였다. 문제가 왕백구王白駒 등을 보내 그를 맞이하게 하자, 거련은 명하여 손수孫漱와 고구高仇 등에게 북풍에서 풍홍을 살해하라고 하였다. 풍홍을 구봉산에서 장사지내고 시호를 '소성황제昭成皇帝'라고 하였다. 옛날 위만衛滿이 연나라에서 조선으로 와서 나라를 세우고 스스로 왕이라 하였는데 이 때문에 조선 사람들은 위만을 연왕燕王이라고 불렀다. 구봉산에 있는 무덤은 곧 위만을 묻은 곳이지, 풍홍의 무덤이 아니다. 「여지도輿地圖」를 살펴보건대, 구봉산에서 가흘령加屹嶺을 끼고 지령砥嶺을 지나면 강가에 조성된 산이 있는데 세간에서 전하기를 '위왕묘衛王墓'라 하니, 여기가 위만을 장사지낸 곳임은 의심할 바 없다. 그렇다면 구봉산은 풍홍의 무덤이 아니다. 풍홍의 장자 풍숭馮崇은 탁발씨에 투항하여 요서왕遼西王에 봉해졌고 10개 군郡을 식읍으로 받았으며 문관은 상서尚書, 무관은 정로장군征虜將軍 이하를 승제가수承制假授[56]하였다. 아! 부모를 떠나는 것은 불효이고, 나라가 어지러운데도 들어오지 않는 것은 불충이다. 10개 군현의 백성들을 가지고서 남면南面하고 왕을 칭하여 결연히 번호蕃胡의 우두머리가 되었는데도 부친이 나라를 잃고 고구려에 의탁했다가 죽임을 당했다는 말을 듣고서는 머뭇거리며 돌아보지 않고 도리어 원수에게 아부하였다. 진晉나라의 신생

---

56) 고대에서 중원왕조 외의 주변 왕조가 사사로이 관작 이름을 사용하는 형식을 말한다.

申生[57)]이었다면 어떠하였겠는가.

【原文】

九峰山在朝鮮雲山郡東二十里, 山有九巒故名. 多松檜猛獸, 中麓有封若堂, 曰皇帝墳. 宋文帝元嘉十三年, 大燕皇帝馮弘, 爲拓拔氏所困, 遣尙書陽伊, 請迎於高句麗. 高勾麗王巨璉, 命葛廬·孟光, 將數萬衆往迎之, 入龍城, 盡取武庫精仗, 大掠而歸. 馮弘至遼東, 巨璉遣使勞之曰, 龍城王馮君, 爰適野次, 士馬勞乎. 弘慙怒, 巨璉處之平郭, 尋徒北豊. 弘素侮高勾麗, 刑政賞罰, 猶如其國. 巨璉乃奪其侍人, 質其太子王仁, 弘大怒, 遣使入宋, 上表求迎. 文帝遣王白駒等迎之, 巨璉命孫

---

57) 신생은 춘추시대 진 헌공晉獻公의 태자였으나 진 헌공의 측실인 여희驪姬가 아들인 해제奚齊를 후계로 삼기 위해 신생을 무고하였다. 신생은 여희가 자신을 모함했다는 사실을 알면서도 외국으로 망명하지 않았고 결국 자결하였다.

漱·高仇等, 殺弘于北豐, 葬九峯山. 諡曰昭成皇帝. 昔衛滿自燕至朝鮮, 建國自王, 故朝鮮人號衛滿爲燕王. 九峰山塚, 迺衛滿所藏, 非馮弘. 按輿地圖, 自九峰山挾加屹嶺過砥嶺, 有臨江而造山者, 世傳衛王墓, 是爲衛滿所藏無疑也. 若然者, 九峰山非馮弘之墳乎. 弘之長子崇降拓拔氏, 封遼西王, 食十郡地, 承制假授文官尙書, 武官征虜以下. 噫. 去父不孝也, 國難而不入, 不忠也. 擁十郡之衆, 南面稱王, 傑然爲蕃胡酋長, 聞其父喪國而依高勾麗, 遂見戕焉, 洟泗不之顧, 反乞媚於讎敵. 晉有申生, 何如哉.

27. 창 해

 창해滄海는 곧 지금 조선 강릉부江陵府 동쪽 10리이며 그 바깥은 바다로 둘려 있다.『한서漢書』「식화지食貨志」에 이르기를 "팽오彭吳가 예맥과 조선을 개척하고 창해군滄海郡을 설치하였다"라고 하였지만,『사기史記』의 여순如淳의 주註에서는 "진秦나라 군현에는 창해가 없다"라고 하였다. 혹은 창해가 동이의 군장君長이라고 한다.『한서』「무제본기武帝本紀」에 이르기를 "원삭元朔 2년에 예군濊君 남려南閭가 (우거를) 배반하자 장수를 보내 토벌하여 평정하고 그 땅에 창해군을 두었다"라고 하였다.「조선전朝鮮傳」에 이르기를 "조선후朝鮮侯 우거右渠가 요동으로 가서 귀부하자 무제가 그 땅에 창해군을 두었다"[58]라

---

58)『후한서』「동이전」의 기록을 말하는 것 같은데 본 항목은

고 하였다. 고구려 때는 '하서량河西良'이라 칭하고, 신라 때는 '명주溟州'라 칭하였으며, 고려 때는 '임영 臨瀛'이라 칭하였다. 장량張良이 20세 때 진秦나라가 한韓나라를 멸하여서 장량은 원수를 갚기 위해 몰래 자객을 구하여 진시황을 암살하려 하였다. 이에 동쪽의 창해군滄海君을 만나서 역사力士를 얻고, 무게가 120근이 나가는 철퇴를 만들었다. 진시황이 동쪽으로 유람하여서 박랑사博浪沙 안에 이르렀을 때 장량과 역사는 진시황을 저격하였는데 잘못하여 부거副車를 맞추었다. 진시황이 매우 화내면서 천하를 매우 급히 수색하자 장량은 성과 이름을 바꾸고 강릉부 남쪽 30리 바닷가의 산으로 달아나 숨었다. 장량이 숨은 곳을 '해령海靈'이라고 하는데 그 위에는 신사神祠가 있으며 배가 지나갈 때 종종 굿을 한 후에야 건너갈 수 있다고 하였다. 세상에서 전하기를 창해군은 죽어서 신이 되었으며 이 땅에서 제사를 받았기 때문

『후한서』의 내용과 다소 어긋나고 있다. (『後漢書』卷85, 「東夷列傳」 '元朔元年, 濊君南閭等畔右渠, 率二十八萬口, 詣遼東內屬. 武帝以其地爲蒼海郡.')

에 여기서 산 이름이 유래했다고 한다. 누군가 말하기를 "강릉은 옛 예국濊國이다. 의양宜陽에 다다르면 거의 5, 6천 리인데 유후留侯59)가 어찌 몸을 맡길 수 있었겠는가"라고 하였다. 내가 말하기를 "예濊와 맥貊은 이웃 국가이다. 한 고조 때 북맥北貊의 날랜 기병이 도달하여 한漢나라가 초楚나라를 정벌하는 것을 도왔으니, 당시에도 동이 사람들이 중국과 통하였다. 천하가 어지러울 때 산동의 자제들이 동쪽으로 몰렸는데 왕래가 일정치 않았으니 장량만 홀로 예국에 다다랐던 것이 아니다. 필부로써 진시황의 암살을 기도한다는 것 또한 어려운 일이다. 장량은 본래 지혜와 재능이 많아 진나라에서 도망쳐서 저 창해의 역사를 구하였다. 철퇴로 공격하여 죽이고자 한 것에 불과하였겠지만 어리석고 사나운 부류를 가지고 무슨 술책을 써서 진시황 치세에 자취를 비밀에 부칠 수 있었겠는가. 장량은 이미 이것을 익히 생각하고 있었으므로 역사를 구할 때 대량大梁의 이문夷門60)

---

59) 장량의 시호이다.

이 아닌, 창해에서 구했던 것이다. 일이 끝나고, 옛길로 내보내서 진나라 사람들에게 그 실마리를 헤아릴 수 없도록 덮어버려 영웅들이 매우 놀라 동요하였다. 진시황은 호랑이나 이리 같아서 사람들이 감히 우러러보지 못하였다. 하루아침에 부거만 부쉈으니, 역사를 구하였음에도 뜻을 이루지 못하였다. 진나라도 두려워하지 않았으나 이내 농민들이 모두 들고일어나 진나라를 망하게 하였으니 장량의 지혜와 재주는 대단하다"라고 하였다.

【原文】

滄海卽今朝鮮江陵府東十里, 有海環其外. 漢書食貨志曰, 彭吳穿濊貊朝鮮, 置滄海郡. 史記如淳註云, 秦郡縣無滄海. 或曰東夷君長. 漢書武帝本紀曰, 元朔二年, 濊君南閭叛, 遣將討平之, 以其

---

60) 이문夷門은 전국시대 위魏나라의 도성인 대량大梁의 성문의 이름이다. 이문에서 문지기로 있던 후영侯嬴을 신릉군信陵君이 발탁한 고사를 가리킨다.

地爲滄海郡．朝鮮傳曰，朝鮮侯右渠，詣遼東內屬，武帝以其地爲蒼海郡．高勾麗時稱河西良，新羅時稱溟州，高麗時稱臨瀛．張良二十歲，秦滅韓，良爲報仇，陰求客刺秦皇帝．乃東見滄海君得力士，爲鐵椎重百二十斤．秦皇帝時東遊至博浪沙中，良與力士狙擊之，誤中其副車．秦皇帝大怒，索天下甚急，良乃更姓名，亡匿江陵府南三十里瀕海而山者，曰海靈，其上有神祠，舟楫而過者，輒賽而後，得利涉焉．世傳滄海君死以爲神，食玆土，山之名以此．或曰，江陵古濊國也，抵宜陽殆五六千里，留侯曷能致其身哉．余曰，濊與貊隣國也．高祖時，北貊致梟騎助漢伐楚，當是時，東夷之人，與中國通．天下亂，海岱子弟靡然而東．不常往來，良獨不至濊哉．且以匹夫，謀刺秦皇帝亦難矣．良固多智能，逃秦購彼力士，不過椎埋，愚悍之流，用何術秘跡秦皇帝之世乎．良已料此熟矣．故求力士，不於大梁夷門而於滄海．事已，送出故道, 籠秦人俾不測其端緖, 而驚動雄桀, 以秦皇帝虎狼也. 人莫敢仰視. 一朝副車爲人碎, 而購之不得, 秦亦不足畏, 於是鋤耰棘矜, 俱起亡秦, 良之智巧甚矣.

28. 오국성

 오국성五國城은 조선 균주均州 북쪽 25리, 두만강 남쪽의 화풍산花豊山에 있는데, 일명 운두성雲頭城이고 옛 성곽 터가 남아 있다. 균주는 지금의 회령부會寧府이다. 마치 산을 무덤으로 만든 것처럼 보이는 게 2개가 있는데 이를 '황제총皇帝塚'이라 하고, 곁에 겹겹이 여러 무덤이 있는 것을 '시신총侍臣葬'이라 한다. 간혹 금과 은으로 된 그릇이나 쇠로 된 동전을 얻을 수 있는데 모두 '정화政和', '숭녕崇寧' 연호가 새겨져 있고, 동으로 된 화로는 구름이 그려져 있으며 그 물건이 지극히 정교한데 발 3개는 부러져 있었다. 한 번 숯불을 피우면 3달 동안 꺼지지 않았다. 물소의 뿔로 만든 술잔 또한 기이하였는데 모두 조선 정승들의 감상용이 되었다. 송나라 휘종徽宗 정강靖康

2년(1127)에 금나라가 휘종과 흠종欽宗을 잡아 대정부大定府에 가두었다가 균주의 오국성으로 옮겼다. 오국성은 삼만위三萬衛 북쪽 1천 리에 있는데 『요사遼史』「영위지營衛志」에서 '오국'이 바로 이것이다. 휘종은 고종高宗 소흥紹興 5년(1135)에 붕어하였고, 흠종은 26년(1161)에 붕어하였다. 대송大宋의 천자인데도 오랑캐에게 굴복하여 양악良嶽을 버리고 거칠고 먼 곳으로 떠났으니 진실로 애석하도다. 양응침揚應忱[61]이 고려를 타일러서 두 황제를 맞이하게 하려고 했으나 고려는 금나라를 두려워하여 감히 따르지 못하였다. 오혁吳革이 의로운 선비를 모아서 장차 귀환시키고자 하였지만, 범경范瓊에게 살해되었으니 천하가 모두 차마 잊지 못하였다. 저 고종은 진회秦檜의 한 가지 말만 들어 부형의 치욕을 잊어버리고 나라를 기울여 원수 오랑캐를 섬겼다. 이에 임안臨安을 소홀히 하고 오로지 호산湖山에 뜻을 두어서 느닷

---

61) '揚'은 '楊'의 오자인 듯하다. 『고려사』에는 양응성楊應誠으로 적혀 있다.

없이 명장을 살해하고 도리어 오랑캐의 우환을 없애 버렸도다. 아! 진회를 주살하지 않고 악비岳飛를 주살하였으니 두 황제가 돌아오고자 해도 가능하였겠는가.

【原文】

五國城在朝鮮均州北二十五里豆滿江南花豊山, 一名雲頭城, 有古郭遺址. 均州今爲會寧府. 若因山爲陵者二, 曰皇帝塚, 傍有纍纍衆墓者, 曰侍臣葬. 或得金銀器鐵錢, 皆刻政和崇寧年號, 銅爐畵雲物極精巧, 三足甕. 一熾炭, 三月不燼. 水犀角觚亦奇古, 俱爲朝鮮宰相所鑑賞. 宋欽宗靖康二年, 金虜執徽宗·欽宗, 拘之大定府, 徙之均州五國城. 城在三萬衛北千里, 遼史營衛志, 有五國者是也. 徽宗以高宗紹興五年崩, 欽宗以二十六年崩. 以大宋天子而屈於醜虜, 捨良嶽而就荒裔之鄕, 誠哀哉. 揚應忱諭高麗欲迎二帝, 而高麗畏金不敢從. 吳革結義士, 將以劫還也, 爲范瓊所殺, 舉天下包羞不忍忘. 彼高宗一聽秦檜, 忘父兄之辱, 而傾國以事讎虜. 藐茲臨安, 專意湖山, 輒殺名將, 反爲虜除患何哉. 嗚呼. 秦檜不誅而岳飛誅, 二帝雖欲返, 得乎.

29. 가도

　가도椵島는 조선 철산부鐵山府 남쪽 바다에서 30리 반 거리에 있으며 면적은 40리이다. 시전市廛이 이어져 있어서 재화가 모여든다. 혹은 '피도皮島'라고도 하는데, 조선 방음으로 '가椵'는 피나무이다. 모문룡毛文龍은 동강진東江鎭이라 부르며 8개 영營을 설치하였다. 수로로 동남쪽 70여 리에는 신미도身彌島가 있는데 면적은 가도의 3분의 2이다. 모문룡이 돌을 새겼는데 '운종도雲從島'라고 하고 병사를 나누어 주둔시켰다. 명나라 철황제悊皇帝 천계 원년(1621), 만주 오랑캐가 요동 땅을 함락시키자 도사都司 모문룡이 군사 수백 명을 이끌고 산해관에서 바다를 건너 조선 용천군龍川郡에 이르러 진강을 습격하였고, 반란군 동양진佟養眞을 사로잡았다. 조정에서 모문룡을 부총병副摠兵으로 진급시키고 이어서 흠차평요편의행사총진좌군도독부도독동지欽差平遼便宜行事鎭左軍都督府都督同知를 더하고 망의蟒衣·옥대·상방검을 하사하였다. 참장參將 진계성陳繼盛, 유격遊擊 모승록毛承祿·시가달時可達·왕보王甫·장괴張魁·곡승은曲承恩·왕승란王承鸞·마응괴馬應魁·송상원宋尙元·임무춘林茂春, 도사都司 이월李鉞·왕사선王士善·이광李鑛·진희순陳希順·궁양동宮養棟·모유은毛有恩, 참모參謀 갈응정葛應貞, 참장 역승혜易承惠·장계선張繼善·유가신劉可紳을 모두 휘하에 두었으며 요동과 광녕의 사민士民들이 잇달아 섬으로 투항하여 40만여 명에 이르렀다. (명나라) 조정에서 감군監軍 양지원梁之垣에게 명하여 4천 기병을 거느리면서 조선과 함께 요동을 수복하게 하였지만 모문룡은 명을 따르지 않았다. 조선은 그 협박을 두려워하여 병조판서 김류金瑬에게 돌을 새겨 공을 기리도록 하였다. 조선은 등주登州에서 발해를 거쳐 금백金帛을 운반하였으니 배가 꼬리를 물고 서로 이어졌다. 또한 조선은 물품을 보냈는데 왕래가 끊이지 않았다. 모문룡은 '해외천자海外天子'라고 스스로 칭하면서 이때 조선의 벽동碧潼과 여러 성으로 군사를 풀어 주민들의 머리를 베고 승첩하였다며 말하기를 "오랑캐 추장을 죽이고 수급을 바칩니다"라고 하였지만 조정에서는 살피지 않았다. 열황제烈皇帝 숭정 2년(1629), 요광경략遼廣經略 원숭환袁崇煥이 영원寧遠 바다 가운데에서 모문룡과 만나서 그 죄를 세고서는 주살하였다. 유격遊擊 진계성陳繼盛이 그 임무를 대신하였다. 처음에 유흥조劉興祚와 유흥치劉興治는 북쪽에서 도망쳐 귀부하였는데 유흥조는 영원진에서 전사하였다. 유흥치와 진계성은 화목하지 못하였으며 숭정 3년, 유흥치가 난을 일으켜 진계성을 살해하고 섬을 점령하였다. 조선은 전장군前將軍 이서李曙와 부원수 정충신鄭忠信을 보내 이를 토벌하게 하였다. 유흥치는 무리들을 겁박하여 등양도登洋島로 들어갔다. 이에 앞서 마씨馬氏 성을 가진 자가 큰 구덩이 안에서 거처하고 있었는데 한겨울에도 추위를 알지 못하고 열매를 먹었으니 (사람들이) 영험이 있다고 하였다. 얼마 지나지 않아 그가 배를 타고 떠났는데 유흥치가 난을 일으켰으므로 굴 이름을 '마신선굴馬神仙窟'이라 하였다. 가도진椵島鎭은 만주를 제어하기 위함이었다. 북쪽으로는 조선과 통하고 남쪽으로는 등주·내주와 연결하며 동쪽으로는 요동·심양을 막으니 무리는 40만에 이르고 해문海門을 보호하여 은연 중에 한 나라에 필적하였다. 만약 모문룡이 왕실에 마음을 두고 위업을 수복하여 원숭환 장군과 함께 기각掎角의 세[62]로 나아가 작은 오랑캐를 내쫓았더라면 칼날에 피를 묻히지 않고도 도륙할 수 있었을 것이다. 모문룡은 이러한 계책을 내지 않고 나라에 도움이 되지 않았으니 결국 낭패를 봐서 남은 땅이 없게 되었다. 매우 한심하다 할 수 있도다.

---

[62] 사슴을 잡을 때 뿔과 다리를 함께 잡듯이 앞뒤로 협공하는 형세를 가리킨다.

【原文】

椵島在朝鮮鐵山府南洋一舍半, 幅員四十一里. 市廛聯絡, 貨賄輻湊. 或曰皮島, 朝鮮方音以椵爲皮木也. 毛文龍號東江鎭設八營, 水路東南七十餘里, 有身彌島, 延袤加椵島三之二. 文龍刻石曰雲從島, 分兵屯之. 明悊皇帝天啓元年, 滿州虜陷遼東地, 都司毛文龍率軍數百, 自山海關浮海至朝鮮龍川郡, 潛襲鎭江, 擒叛賊佟養眞, 朝廷進文龍副揔兵. 仍加欽差平遼便宜行事鎭左軍都督府都督同知賜蟒衣玉帶尙方劍, 參將陳繼盛, 遊擊毛承祿·時可達·王甫·張魁·曲承恩·王承鸞·馬應魁·宋尙元·林茂春·都司李鉞·王士善·李鑛·陳希順·宮養棟·毛有恩·參謀葛應貞·參將易承惠·張繼善·劉可紳, 並在麾下. 遼廣士民, 相繼投島, 至四十餘萬. 朝廷命監軍梁之垣領四千騎, 與朝鮮克復遼東, 文龍不從命, 朝鮮畏其喝, 使兵曹判書金瑬刻石頌功. 朝鮮自登州, 由渤澥運金帛, 舳艫相接. 且朝鮮饋遺, 冠盖不絕. 文龍自稱海外天子, 時縱兵朝鮮碧潼諸城, 斬居民首, 奏捷曰殺奴酋獻馘, 朝廷不省也. 烈皇帝崇禎二年, 遼廣經略袁崇煥, 會文龍於寧遠海中, 數其罪而誅之, 遊擊陳繼盛代其任. 初劉興祚, 興治自北亡歸, 興祚戰死寧遠鎭, 興治與繼盛失和. 崇禎三年, 興治作亂, 殺繼盛據島, 朝鮮遣前將軍李曙·副元帥鄭忠信伐之. 興治劫其衆, 入登洋島. 先是有馬姓者居島窖中, 隆冬不知寒, 啖木實, 言必有驗. 未幾乘舟去, 有興治亂, 故名其窖曰馬神仙窟. 椵島鎭欲控制滿州也. 北通朝鮮, 南連登萊, 東抗遼藩, 衆至四十萬, 保障海門, 隱若一敵. 若使毛文龍乃心王室, 以克復爲業, 與袁將軍掎角而進, 區區小醜, 不血刃而戮之. 文龍計不出此, 無補於國, 畢竟狼狽無餘地, 大可寒心哉.

30. 숙신씨의 옛 성

　숙신씨肅愼氏의 옛 성은 조선 북청부北靑府 동쪽 35리에 있는데 이름은 보청사甫靑社이다. 흙으로 성을 쌓았으며 3497척이다. 뒤쪽에는 석용산石茸山과 오천수五川水가 있는데 여진이 웅거하던 곳이다. 고려가 여진을 내쫓은 뒤 군군으로 삼았고, 원나라가 빼앗아 삼살진三撒鎭을 설치하였으며 조선이 청주목靑州牧을 설치하였다가 나중에 북청도호부北靑都護府로 고쳤다. 숙신씨는 주 무왕周武王 때 호시楛矢와 석노石砮를 바쳤다. 주공周公이 성왕成王을 보좌할 때는 다시 사신을 보내 입공入貢하였다. 진秦·한漢나라 시절에는 서로 통교하지 않았는데 조위曹魏 경원景元 말년(263)에 입공하여 위나라가 욕계褥鷄·금계錦罽·면백緜帛을 하사하였다. 진 혜제晉惠帝 원강元

康 초(291)에 입공하였고, 원제元帝 중흥中興 연간에 또 입공하였으며, 성제成帝 시기에는 석계룡石季龍[63]에게 사신을 보냈다. 그 나라는 불함산不咸山 북쪽에 있는데, 불함산에 대해 금나라 사람들은 장백산이라 말하고, 조선에서는 백두산이라 말한다. 숙신은 한·위나라 시절에는 읍루挹婁라 하였고, 남북조시대에는 물길勿吉이라 하였으며 수·당나라 시절에는 말갈靺鞨이라 하였다. 그 길은 험하여 수레와 말이 지나갈 수 없다. 여름에는 둥지에서 살고 겨울에는 굴에서 거처하며 아버지와 아들이 대를 이어 군장君長이 된다. 문묵文墨이 없어서 구두로 약속한다. 숙신씨는 청석靑石으로 화살촉을 만드는데 지금 북청 옛 성에서 밭을 갈면 이따금 이를 얻을 수 있다. 길이는 1촌寸이고, 세로는 3분의 1을 없앴다. 가운데에는 모서리가 있는데 위쪽은 넓고 아래쪽은 뾰족하므로 날카로워 쓸 만하다. 숙신의 궁실·기복器服·수레와 말은

---

[63] 5호 16국 중 하나인 후조後趙의 무제武帝 석호石虎를 가리킨다.

아득하므로 고증할 것이 없는데 오직 돌화살촉만이 지금 1천여 년 동안 아직 우리나라에 전해지고 있으니 기이하도다.

【原文】

肅愼氏故城, 在朝鮮北靑府東三十五里, 名甫靑社. 土築城三千四百九十七尺, 後有石茸山五川水 爲女眞所據. 高麗逐女眞爲郡, 元奪置三撒鎭 朝鮮置靑州牧, 後改北靑都護府. 肅愼氏周武王時 獻楛矢石砮. 周公輔成王, 復遣使入貢. 秦漢不相通, 及曹魏景元末入貢, 魏賜其王襐鷄錦罽縣帛. 晉惠帝元康初入貢, 元帝中興, 又入貢, 成帝時, 通使於石季龍. 其國在不咸山北, 不咸山者, 金人所謂長白山, 朝鮮所謂白頭山. 肅愼韓魏時爲挹婁, 南北朝爲勿吉, 隋唐時爲靺鞨. 其路險阻車馬不通. 夏則巢居, 冬則穴處, 父子世爲君長. 無文墨, 以言語爲約. 肅愼氏以靑石爲鏃, 今北靑古城, 耕田者往往得之. 長一寸, 縱殺三分一. 中有稜, 上廣下尖, 廉利可用, 肅愼宮室器服車馬, 邈然無所考徵 惟石鏃至今千有餘年, 尙能傳之東國, 奇哉.

31. 유인궤성

　유인궤성劉仁軌城은 조선 남원부南原府 치소治所에 있으며 둘레는 수 리이다. 마을의 시가는 정전법井田法을 본떠서 9개 구區로 나누었는데, 그 터가 아직도 역력하다. 당나라 대방주자사帶方州刺史 유인궤劉仁軌가 백제의 남은 세력을 평정하고 고룡군古龍郡에 주둔하였는데 이가 곧 남원이다. 당나라의 사직社稷을 세우고 정삭正朔과 묘휘廟諱를 반포하니 백성의 모두 생업이 안정되었다. 인덕麟德 2년(665)에 돌아갔다. 당나라의 대방주는 곧 지금 조선의 나주목羅州牧이다. 유인궤가 고룡군이 신라와 백제의 요충지라 여겨 성을 쌓고 지켰다. 웅진熊津에서 신라와 백제가 삽혈歃血하고 동맹을 맺자, 유인궤가 맹약을 기록하였다. 옛날 관구검毌丘儉은 위魏나라의 장수로

호강怙強하던 고구려를 격파한 일을 자랑하며 '불내성不耐城'이라 새겼는데 유인궤가 당나라의 위세를 널리 떨쳐 해동海東에 끼친 것과 같다. 부여씨가 다시 쇠락하여 감히 움직이지 못하고, 백마강에서 동반銅盤64)을 받들어 당나라의 부절符節에 굽혀서 맹약하였으니 이보다 더 부끄러울 수 있겠는가.

【原文】

劉仁軌城在朝鮮南原府治, 周廻數里. 里廛取法井田, 畫爲九區, 其址尙歷歷. 唐帶方州刺史劉仁軌旣平百濟餘孼, 屯兵於古龍郡, 卽南原. 立唐社稷, 頒正朔及廟諱, 民皆安業. 麟德二年還. 唐帶方州, 卽今朝鮮羅州牧. 劉仁軌以古龍爲新羅, 百濟之衝, 築城而鎭之. 與羅濟歃血同盟於熊津, 仁軌載書. 昔母丘儉以賊魏之帥, 尙能破怙強之勾

---

64) 고대 중국에서 구리로 만든 쟁반에 희생犧牲인 말의 피를 담아 함께 마시며 맹세한 데서 유래한 말이다.

麗, 銘不耐城, 若仁軌宣揚大唐之威, 被於海東. 扶餘氏且衰, 莫敢動焉. 而銅盤白馬, 屈唐節而盟之, 恥孰甚焉.

32. 오륙도

오륙도五六島는 조선 동래부 남쪽 30리 절영도絶影島 동쪽에 있다. 바다 가운데에 봉우리가 우뚝 솟아 있으며 동쪽에서 보면 6개로 보이고, 서쪽에서 보면 5개로 보여서 이름이 그렇게 되었다. 3번째 봉우리에는 만세덕萬世德의 비가 있다.

황명皇明 만력 기해년(1599) 8월 상순에 경리經理 대중승大中丞 만세덕은 명을 받아 정벌에 나서 삼한三韓에 이르러서 왜의 기세를 깨끗이 쓸어 없애고 조선을 지켜냈다. 가을에 남쪽으로 진군했다가 동해에 이르러서 마침내 대장군 이승훈李承勳 공公과 만나 문무 관리들을 이끌고 부산 산꼭대기65)에 올라 탄식하기를 '아름

---

65) 원문은 '顚'인데 '巓'의 오자인 듯하다.

답구나. 성스러운 어짊과 신령스러운 무략으로 여기에 이르렀도다'라고 하였다. 이내 외사씨外史氏 전前 병부직방사낭중兵部職方司郞中 계문薊門 가유약賈維鑰에게 서간을 보내 이 일을 서술한 다음 명銘을 짓게 하였다. 이르기를 '대개 조선은 번신藩臣이라 칭하며 내부內附하여 나라와 함께 오래되었는데 왜노들이 도의가 없어 산천을 더럽히며 종묘를 폐허로 만들었고 노인과 어린 아이들은 골짜기로 떨어지니 우리나라는 혼란에 빠지고 형세는 참혹하게 되었다. 천자께서는 근심하시어 이를 도와주었으니 왕사王師가 강을 건너 평양에서 크게 이겼다. 관추關酋[66]는 화를 두려워하여 교활하고 거짓되게 안색을 바꾸어 봉작 받기를 구걸하니 조정에서는 그 정성을 미루어 멀리서 회유한다는 마음으로 이를 믿었다. 그러나 사절이 돌아가자마자 맹약을 어겼으니, 이것이 어찌 유묘有苗가 순舜 임금을 어기고, 귀방鬼方이 은나라를 등지고, 험윤玁狁이 주나라를 침범한 것과 다르겠는가. 천자께서 진노하셔서 의로움으로 반드시 토벌하겠다고 하셨으니 대사마大司馬 형개

---

66) 도요토미 히데요시를 가리킨다.

邢玠 공을 행행行 도독제군사總督諸軍事로, 참정參政 양호楊鎬 공을 발탁하여 어사중승御史中丞으로 삼아 조선을 경리經理하도록 하였다. 얼마 지나지 않아 행간行間하는 일을 어긋나게 하여 돌아갔고 만공이 천진天津에서 진鎭을 옮겼다. 총명이 융숭하였고 임무는 더욱 컸다. 이보다 앞서 조정에서 그 역역을 정중히 여겨 4대 장군四大將軍의 인수를 나누어 주었다. 이에 장군 마귀麻貴·장군 동일원董一元이 계薊·요동遼東·운곡雲谷의 보병과 기병을 이끌고 왔으며, 장군 유정劉綎·장군 진린陳璘은 오월吳越·민閩·촉蜀의 수군과 육군을 이끌고 왔다. 군사를 점검하는 일은 좌우도참정左右道參政 왕사기王士琦·참의參議 양조령梁祖齡·부사副使 두잠杜潛이 하고, 군량 감독은 민부랑民部郞 동한유董漢儒가 전담하였다. 직책에 따라 계책 내는 일에 이르러서는 운동運同 오량새吳良璽 등이 하였고 진진을 나누고 힘을 모으는 일은 부총병副摠兵 해생解生 등이 하여 각각 유사有司를 두고 함께 중요한 일을 돕도록 하였는데 오직 어사御史 진효陳效 공이 몸소 특명을 받아 수의繡衣와 부월斧鉞로 따르지 않는 자를 다스리게 하였다. 아!

칠췌七萃67)가 갖추어지고 여러 직책이 준비되었으니 구름과 같고, 숲과 같았다. 태원太原의 정벌68)이나 세류細柳의 둔영69)이 어찌 이보다 엄숙하겠는가. 이에 날짜를 정하여 군사들과 맹세하고 사로四路로 다투어 진격하였다. 조두刁斗를 치자, 빈 골짜기에 우레가 치는 듯하였고 돛을 펴서 배를 띄우니 파도에 아침 햇살이 씻겼다. 적을 공격하여 한 가운데를 뚫고, 기세를 꺾였다. 사마귀가 앞다리를 들고 덤비는 것처럼 하던 자는 기름진 평원에 목을 떨구었고, 여우가 고향을 그리워하던 것처럼 하던 자는 상처를 부여잡고 밤에 도주하였다. 바다와 산에서 베고 섬멸하여 시체가 산과 같았고 적들을 제거하여 경계를 넓혀 수국水國의 풍기風氣가 맑아졌다. 위로는 구중궁궐에서 밤낮없이 걱정하던 마음을 펴게 하고 아래로는 팔도의 신령과 백성의 울분을 풀어주었다. 서리黍離의 탄식이 일어나지 않

---

67) 주 목왕 때의 7군이며, 보통 황제의 친위대를 가리킨다.
68) 주 선왕 때 북적이 침공하자 윤길보尹吉甫가 태원까지 진군하여 물리친 고사를 가리킨다.
69) 한 문제 때 명장 주아부周亞夫가 흉노를 방어하기 위해 세류에 설치했던 군영이다. 매우 엄격한 군율을 지켜 한 문제가 감탄했다는 고사에서 유래했다.

고 홍안鴻雁의 노래가 불리워지게 하였으니, 아! 아름답구나. 나라의 은덕이 먼 곳까지 미치고, 위엄은 해뜨는 곳에 더하게 되었으니 삼황오제가 어찌 이보다 더 하겠는가. 이 때문에 산을 봉하고 돌에 명銘을 새겨 큰 공을 밝히고 후세에 영원토록 보이고자 한다'라고 하였다. 그 사辭에 이르기를 '황제의 어짊이 이곳까지 덮었으나 무지하고 흉악한 무리가 변방을 침범하였네. 6사六師를 정비하여 미쳐 날뛰는 자를 막고 금수 같은 자들을 잡으니 누가 앞장서는 것을 거역하겠는가. 잔적들을 치고 약한 자를 거두어 해방海邦을 안정시켰으니 먼 곳은 두려워하고, 가까운 곳은 회유하여 사방이 교화되었네. 저 높은 바위를 바라보듯이 천위天威가 빛난다네. 저 깊은 바닷물이 잠잠하듯이 황제의 은덕은 망극하다네. 손 모아 절하고 비석에 새겨 큰 공을 드러내니 만세천추토록 영원히 나라를 안정되게 하네'[70] 라고 하였다.

---

[70] 비석의 내용은 『선조실록』과 권이진의 문집 『유회당집有懷堂集』에도 실려 있다. (『선조실록』 권118, 선조 32년 10월 1일 기사; 『유회당집』 권7, 「속부산자성절비기續釜山子城折碑記」 참고)

비에는 문무 장사가 음각陰刻되어 있다.

운동 오량새·한초명韓初命·이배근李培根·정문빈鄭文彬

통판通判 도량성陶良性·여민화黎民化

지현知縣 조여매趙如梅

부총병 대연춘戴延春·해생·오광吳廣·조희빈曺希彬·조승훈祖承訓·오유충吳惟忠·이방춘李芳春·장방張榜

참장參將 왕국동王國棟·팽우덕彭友德·양소조楊紹祖·양등산楊登山·이녕李寧·유상덕兪尙德·손방희孫邦熙·심동沈棟·방발龐渤

유격游擊 모국기茅國器·진잠陳蠶·섭방영葉邦榮·양렴楊廉·남방위藍邦威·진인陳寅·파귀頗貴·허국위許國威·왕지한王之翰

사무관司懋官 우백영牛伯榮·부량교傅良橋·계금季金·왕원王元·주팽신周彭信·설시舌柴

등과登科 섭사충葉思忠·장량상張良相·백사청白斯淸·가상賈祥·진득귀秦得貴·동주위董周威

도사都事 설호신薛虎臣·오종주吳從周·이천상李天祥·
이향李香

좌영坐營 장유성張維城·주돈길周敦吉·심찬沈燦·
섭사의葉思義

수비좌총守備左總 강량동姜良棟·이응창李應昌·
오종도吳宗道

선후참장善後參將 진잠립陳蠶立

  현황제顯皇帝 때 왜가 중국을 엿보면서 먼저 조선을 침략하여 폐허로 만드니 조정에서는 대군을 일으키면서 만세덕 등을 보내 제때에 공격하여 조선은 이내 나라를 회복하였다. 세상에서 이르기를 "만세덕의 명성이 아마도 조선이 나라를 회복할 조짐이었을 것이다. 오륙도는 대마도와 맞대고 있는데 긴 바람과 파도가 일어도 돌은 아직도 마모되지 않았으며, 우뚝 솟아 동남쪽의 기세를 막고 있었으니 천하의 장엄한 광경이 되었다. 왜가 이 섬을 지나면서 엄숙히 얼굴색을 바꾸지 않을 수 없었다"라고 한다.

【原文】

五六島在朝鮮東萊府南三十里絕影島東，峰巒削立海中，東看爲六，西看爲五故名．第三峰，有萬世德碑．維明萬曆歲在屠維淵獻之次八月上浣，經理大中丞萬公世德受命專征，至于三韓，廓淸倭氛，保定屬藩，乘秋南獮，放于東海，遂偕大將軍李公承勛，率文武將吏，登釜山之巓，而喟然嘆曰，於鑠哉．聖仁神武，丕揚流罾，一至于斯乎．乃授簡外史氏前兵部職方司郎中薊門賈維鑰，叙其事而銘之曰，盖維朝鮮，內附稱藩，與國同久．倭奴不道，蟊其山川，宗廟鞠爲丘墟，旄倪轉于溝壑，箕封板蕩，狀極慘楚．天子閔而援之，王師渡江，平壤克捷．關酉愸禍，狡儇革面，乞受命封，朝廷推誠柔遠，是信是予，顧使節甫旋，盟寒口血，是奚異夫有苗之逆虞，鬼方之負殷，玁狁之猾周者哉．天怒震疊，義在必討，以大司馬邢公玠，行總督諸軍事，擢參政楊公鎬，爲御史中丞，經理朝鮮. 亡何, 以行間事齟齬去, 而萬公自天津移鎭焉. 則寵命郅隆, 肩任益鉅矣. 先是朝廷鄭重厥役, 頒四大將軍印綬, 於是麻將軍貴・董將軍一元, 以薊遼雲谷步騎之銳至, 劉將軍綎・陳將軍璘, 以吳越閩蜀舟陸之雄至, 簡詰兵戎. 則左右道參政王士琦・參議梁祖齡, 副使杜潛, 而督餉則民部郎董漢儒有專責焉. 至于隨職宣猷, 則運同・吳良璽等, 分陣戮力, 則副捴兵解生等. 各有司存, 共襄機務, 惟是御史陳公效躬膺特簡, 以繡斧按治弗戒. 吁嗟乎七萃賅百職備, 如雲如林, 太原之戍, 細柳之屯, 庸詎肅於斯耶. 於是克日誓師, 四路競進, 擊斗則空谷翻雷, 揚帆則洪濤浴日, 搗抗中窾, 排縋斯窮, 奮螳臂者授首膏原, 悲狐丘者扶傷夜遁. 海截山殲, 京觀岳峙, 除殘拓境, 水國風清. 上以紓九重宵旰之憂, 下以洩八道神人之憤, 黍離不作, 鴻鴈興謠, 猗歟至矣. 國家德濡窮壤, 而威加日出之域, 考鏡三五, 曷以加焉. 因封山, 刊石勒名, 以昭鴻烈, 以示無窮. 其辭曰, 維皇仁覆, 怙遐荒兮. 蠢茲兇梟, 侵侯疆兮. 爰整六師, 以遏徂征兮. 執禽獲醜, 孰逆顏行兮. 取殘植弱, 靜海邦兮. 聲遠柔邇, 風四方兮. 瞻彼巉巖兮. 天威有赫, 酌彼溟渤兮. 帝德罔極, 拜手題石兮. 揮昭鴻烈, 萬歲千秋兮. 永奠王國. 碑陰刻文武壯士. 曰運同吳良璽・韓初命・李培根・鄭文彬, 通判陶良性・黎民化, 知縣趙如梅, 副摠兵戴延春・解生・吳廣・曹希彬・祖承訓・吳惟忠・李芳春・張榜, 參將王國棟・彭友德・楊紹祖・楊登山・李寧・俞尚德・孫邦熙・沈棟・龐渤, 游擊茅國器・陳蠶・葉邦榮・楊廉・藍邦威・陳寅・頗貴・許國威・王之翰. 司懋官牛伯榮・傅良橋・季金・王元・周彭信・舌柴, 登科葉思忠・張良相・白斯淸・賈祥・秦得貴・董周威, 都事薛冔臣・吳從周・李天祥・李香, 坐營張維城・周敦吉・沈燦・葉思義, 守備左摠姜良棟・李應昌・吳宗道, 善後參將陳蠶立. 顯皇帝時, 倭窺中國, 先猘朝鮮, 蕩爲丘墟. 朝廷大發兵, 遣萬世德等, 剋期勦之, 朝鮮乃復國, 世謂萬世德之名. 應朝鮮復國之讖焉. 五六島直對對馬, 長風捲海, 石猶不磨, 屹然有遮捍東南之勢, 爲天下之偉觀. 倭過是島, 莫不肅焉變色云.

33. 급수문

　급수문急水門은 조선 강화부江華府 동남쪽 25리에 있으며 광성관廣城關 아래로 흘러서 바다로 들어간다. 여울돌은 잇몸처럼 되어 있고 물살은 매우 빠르며 속칭 '손돌목'이라 하는데 천험天險이었으므로 중국에도 명성이 알려졌다. 서긍徐兢의 『고려도경』에서 말하기를 "제물사濟物寺를 지나 급수문에 다다르는데 그 문은 바다의 섬과 닮지 않고 흡사 무협巫峽의 강줄기와 같았다. 산이 둘러싸여 굽어 있는데 앞뒤로 서로 이어져 있었다. 그 사이는 수도水島였다. 수세水勢가 산협에 묶여 놀란 파도가 해안을 때리고 구르는 돌이 벼랑을 뚫는데, 요란하기가 천둥과 같아 천균千鈞의 쇠뇌와 바람을 쫓아가는 말이라 해도 그 물살이 급한 것을 비유하기에는 부족하다. 이

곳에 이르러서는 이미 돛을 펼쳐서는 안 되고, 오직 노를 써서 밀물을 따라 전진할 뿐이다"라고 하였다. 『송사宋史』에서 이르기를 "두 산 사이에 있고 석협石峽으로 묶였으며 물결이 빠르게 내려가는데, 이른바 급수문이다. 급수문에서 3일을 가면 언덕에 닿으면 관사가 있는데 벽란정碧瀾亭이라 한다. 여기서부터 육지에 올라 험한 산길 40리를 가면 그 나라 도읍이다"라고 하였다. 급수문은 두 곳이 있는데 하나는 조선 용강현龍岡縣 남쪽 90리에 있으며 수나라와 당나라가 고구려를 정벌할 때 수군이 모두 이 길을 따랐다고 한다. 고려의 도읍은 육지로는 청석靑石의 험준함을 갖추고, 바다로는 급수문의 험준함을 갖추었으니 천부天府의 땅이라 할 만하였다. 그러나 육지로 거란을 막지 못하였고 바다로는 일본을 막지 못하였으니 어째서인가. 우리나라 사람들은 손돌목이 급수문 나머지 하나인 것을 알지 못하고 용강현 바다에서만 찾고 있으니 터무니없다.

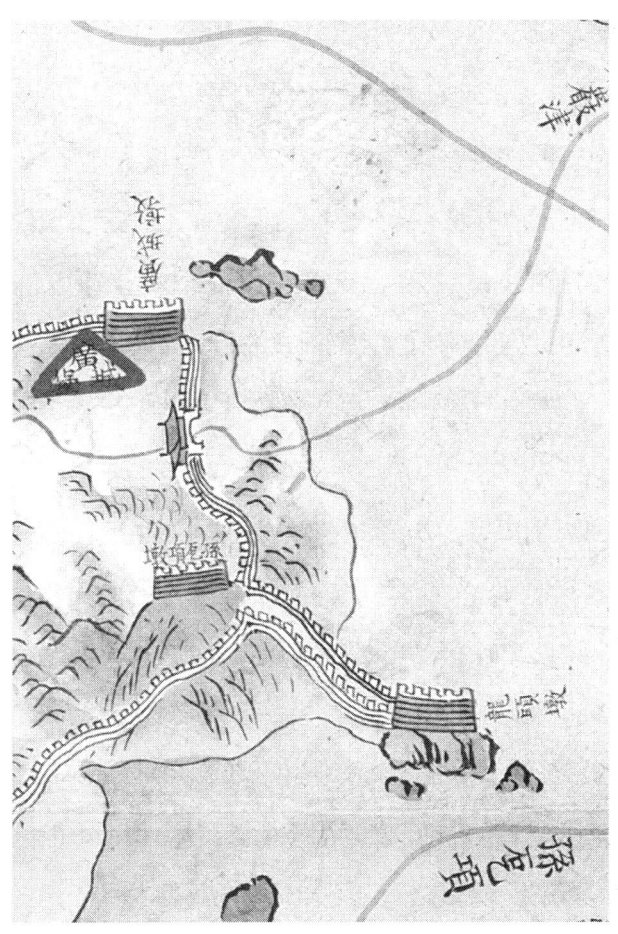

규장각 소장 「강화부전도」(奎軸10350) 중 광성보와 손돌목 부분.

【原文】

急水門, 在朝鮮江華府東南二十五里廣城關下流入于海. 磯石齦齶, 瀧湍迅激, 俗稱孫石項, 以天險名國中. 徐兢高麗圖經曰, 過濟物寺, 到急水門, 其門不類海島, 宛如巫峽江路. 山圍屈曲, 前後交錯. 兩間卽水島也. 水勢爲山峽所束, 驚濤泊岸, 轉石穿崕, 喧豗如雷, 雖千鈞之弩, 追風之馬, 不足喻其湍急也. 至此已不可張篷, 唯以櫓棹隨潮而進. 宋史曰, 兩山間束以石峽, 湍激而下 所謂急水門. 自急水門三日抵岸, 有館曰碧瀾亭. 由此登陸崎嶇四十餘里, 乃其國都. 急水門有二, 其一在朝鮮龍岡縣南九十里, 隋唐伐高勾麗, 舟師悉從此路云. 高麗國都, 陸有靑石之險, 海有急水之危, 可謂天府之地. 然陸而不能禦契丹, 海而不能防倭何哉. 東國之人, 不知孫石項爲急水門之一, 而求之龍岡縣海中, 妄矣.

34. 팔거성

　　팔거성八莒城은 조선 칠곡부漆谷府 남쪽 30리 퇴천방退川坊에 있다. 흙으로 쌓았으며 둘레는 2423척이고, 연못 1개와 샘 2개가 있다. 속칭 '독모성禿帽城'이라 하고, 팔진八陣의 옛터가 완연하다. 동쪽에는 정자가 있는데 '열무烈武'라 하였다. 큰 시내는 성 동남쪽 모퉁이를 돈다. 만력 계사년(1593)에 좌도독左都督 유정劉綎이 동쪽으로 조선을 구원하여 왜노倭奴 평행장平行長을 문경현聞慶縣에서 추격하였고, 이윽고 팔거성을 지켰으니, 전장으로 삼기에 천하에서 제일이기 때문이다. 병사 1만여 명을 주둔시키자 왜군이 감히 다시 조선을 넘보지 못하였다. 기해년(1599)에 이르러 그만두고 돌아갔다. 유도독劉都督은 힘을 다해 동남쪽에서 싸웠고, 성처럼 우뚝하였다. 누차

넘어졌다가 일어났으며 전장에서 사망하였으니, 대장부로서 충절의 의를 다하여서 부끄러운 점이 없다. 지금 군대가 주둔하고 있는 성은 점차 무너져서 볼 만한 것이 없지만, 부엌·누벽·돌무더기는 아직도 구할 수 있어 군사가 머무르고 있으면서 호령 소리가 미치는 듯하였다. 당장에 사람들이 방황하며 흐르는 눈물을 훔치며 슬픈 노래를 부르곤 하였다. 전라도 운봉현雲峰縣 팔량치八良峙의 돌 위에는 도독의 제명題名이 있는데, 마치 어제 지은 것 같았으며 부여군의 소열蘇烈[71]이 지은 평제탑平濟塔[72]과 더불어 우리나라에서 칭해진다고 한다. 일찍이 들으니 도독이 옥산玉山 아래에 진주하고 있을 때 영지靈芝를 캐고 경사京師에 올려보내서 그 땅을 '영구靈丘'라고 부른다고 하였다. 옥산은 지금의 경상도 인동부仁同府 1리에 있다.

---

71) 당나라의 장수 소정방蘇定方(592~667)을 가리킨다. 본명은 소열이며, '정방'은 자字이다. 돌궐, 고구려, 백제 등을 공격하여 수많은 전공을 세웠다.
72) 부여 정림사지 5층석탑을 가리킨다.

【原文】

八莒城在朝鮮漆谷府南三十里退川坊. 土築周二千四百二十三尺, 有一池二泉. 俗稱禿帽城, 八陣遺址宛然. 東有亭曰烈武. 大川環城東南隅, 萬曆癸巳, 左都督劉綎東救朝鮮, 逐倭奴平行長於聞慶縣, 因戍八莒城, 以爲戰塲, 天下之最. 屯萬餘兵, 倭不敢復窺朝鮮. 至己亥輟歸. 劉都督力戰東南, 屹若干城. 屢躓屢起, 卒死於戰, 大丈夫盡節之義, 寔無媿焉. 今住師之城, 漸至崩夷無可觀, 井竈壘壁石堆尙可求, 旄纛之所停, 叱咤之所被, 直令人旁皇耿顧, 掩泣歔咳悲歌也. 湖南雲峰縣之八良峙石上, 有都督題名, 宛若昨日, 與夫餘郡蘇烈平濟墻, 並稱於東國云. 嘗聞都督鎭玉山之下, 采靈芝, 輂送京師, 號其地曰靈丘. 玉山在今嶺南仁同府東一里.

35. 양암

  양암陽巖은 양덕현陽德縣 북쪽 2리에 있다. 만력 임진년에 천장天將 풍중영馮仲纓 등이 이 성에 웅거하면서 북관北關에 주둔한 왜병을 토벌하였는데 그 글에 이르기를 "왜추倭酋 청정淸正이 임진년 여름부터 함경도 길주吉州, 안변安邊 등을 점거하였으니 흉악하고 광포함이 몹시 참혹하여 백성들이 살아남지 못하였다. 풍중영 등이 황명을 받들어 군사를 이끌고 여기에 이르러 형편에 따라 일을 처리하였다. 한쪽으로는 기이한 계책을 세우고 한쪽으로는 풍중영이 단기單騎로 소굴에 들어가 이해를 타일러 보여주자 왜추는 두려워하며 복종하고 당일에 왕경으로 퇴각하여 새로운 명이 내려오기를 기다렸다. 내가 생각건대 조선의 북비北鄙에 우리나라 사람이 여기에 이른 경우로는 개벽 이래로 없었기에 간단한 시를 짓고 이 일을 기록하였는데 운韻은 맞추지 않았다. 어찌 스스로 그 공을 자랑하고 후세에 뽐내기 위함이겠는가. 시는 다음과 같다.

왜추가 벌떼처럼 웅거하며
독을 퍼뜨려 생명들이 견디지 못하고 있었다.
병마兵馬가 흩어지고 싸움은 어려웠으니
성은 어지럽고 유문遺文은 애처로웠다.
황제의 넓은 덕이 변방 나라에까지 미치니
작은 신하의 미약한 정성이 임금께 닿기를 바라노라.
단기로 소굴로 들어가 이해를 타일러 보여주고
한마디 말로 요사스러운 기운을 진정시킨 것은 얼마나 다행이던가.

倭酋盤據若蜂屯
流毒生靈不忍聞
兵馬散亡難作戰
城闉板蕩惜遺文
天皇廣德極藩國
小子微誠在致君

單騎入巢開利害
片言何幸靖妖氛

함께 한 여러 공公은 겸兼 지휘指揮 장여익張汝翼·조응부趙膺孚·섭백명葉伯明·왕초王椒·양선楊先, 참군 김상조金相祖·진문언陳文彦·주우중周于中·김의상金依祥·우응오虞膺鰲·오명간吳明揀·유수신劉守信, 조선 관찰사 홍세태洪世泰, 절도사 신잡申磼, 향도 첨지僉知 최우崔遇, 부장部將 김귀장金龜長, 성천판관成川判官 박진남朴震男, 양덕지현陽德知縣 홍귀상洪龜祥, 통사通事 유종백柳宗伯·이응李膺·이덕년李德年이며 모두 같은 공을 세운 사람들이다. 만력 계사년 2월 24일에 대명大明 절강浙江 소흥부紹興府 산음山陰 사람 창주滄洲 풍중영이 쓰다"라고 하였다. 천장 송대빈宋大斌은 광덕廣德 사람인데 시를 지어 이를 찬미하였다. 시는 다음과 같다.

이름난 화현花縣73)에는 눈이 그치고

---

73) 화현은 지방의 고을을 달리 일컫는 말이다. 진晉나라의

세류영細柳營에는 봄이 돌아오네
전부前部에서 크게 이긴 기쁜 소식을 전하였으니
원군이 늦게 와도 좋을 것 같도다
고각 소리가 울리던 산성은 진정 되었고
봉화는 사해 안에서 잦아들었네
여러 부로들에게 돌아보며 말하고자 하니
이제부터 돌아가 밭을 갈도록 하라

 雪霽名花縣
 春回細柳營
 喜傳前部捷
 好緩後援兵
 皷角山城靜
 烽烟海宇淸
 願言諸父老
 從此任歸耕

지은이의 주에 이르기를 '왜적이 패주하자 맹렬한 군대가 양덕현으로 출병하였다. 이 시를 지어 홍대윤

반악潘岳이 하양령河陽令이 되어 복숭아꽃을 많이 심자, 사람들이 '하양은 온 고을이 꽃이다河陽一縣花'라고 한 고사에서 유래하였다. (『백씨육첩白氏六帖』 권21 참고)

洪大尹74)께 바친다'라고 하였다. 이 당시 천장이 우리나라를 구원하여 검을 쓰고 창을 쥐는 순간에도 종종 붓을 놀려 글을 짓는 즐거움을 가졌으니 총병 왕계양王繼陽이 경지당敬止堂에서 시를 지은 것75)과 무성武城 언언言偃76)이 거문고를 타며 시를 외우고, 촉蜀 땅에서 문옹文翁77)이 교화의 구절을 밝힌 일과 같다. 경지당은 칠곡부漆谷府의 상지上枝78)에 있는

---

74) 홍세공洪世恭(1541~1592)을 가리킨다. 1573년(선조 6)에 식년문과에 급제하였고, 임진왜란 때 평안도 조도사調度使로서 군량을 조달하였다. 이어서 함경도도순찰사, 전라도관찰사, 좌부승지 등을 지냈다.

75) 왕계양의 시는 『여지도서輿地圖書』「경상도 칠곡도호부」고적 편에 실려 있다. "왜적이 창궐하여 창을 놀리니 천자의 명을 받들어 여기서 악을 멸할 것이라네. 그대들은 쓸쓸히 한탄하지 않아도 되리라. 부상扶桑에서 날을 정하여 깨끗이 씻어낼 것이라네倭奴猖獗弄干戈, 余奉天朝滅此魔, 公輩不須嘆零落, 扶桑指日挽天河"

76) 언언은 공자의 제자이며 자유子遊, 언유言游라고도 한다. 노나라에서 무성재武城宰라는 벼슬을 지내면서 백성들에게 예악을 가르쳤다.

77) 문옹(B.C.156 ~ B.C.101)은 본명이 문당文黨이며 자는 중옹仲翁이다. 전한前漢 때의 학자로 촉군태수를 지내면서 학교를 세워 주민들을 가르쳤다.

데 그 장엄함은 오히려 사라지지 않았다. 또한 듣건대, 호군도위護軍都尉의 옛글에 순흥부順興府의 군자정君子亭에는 "서벽西壁에 붉은색이 드리워지고 동쪽은 이미 밝아오네西壁垂紅東方旣白"라는 구절이 있는데 그 이름을 잃었다고 하였다.

【原文】

陽巖在陽德縣北二里. 萬曆壬辰, 天將馮仲纓等據其城, 以討北關屯倭. 其文曰, 倭酋淸正, 自壬辰夏, 盤據咸鏡道吉州, 安邊等處, 兇狂梟獍慘毒, 民不聊生. 纓等奉皇命, 率兵至此, 以便宜行事, 一面運籌設奇, 一面纓單騎入巢, 開示利害, 倭酋畏服, 卽日退去王京. 以待後命, 子惟朝鮮北鄙, 我國之人至此者, 自開闢以來無之, 故賦小詩以記其事, 不計其韵. 豈欲自伐其功, 以圖誇耀于後世

---

78) 원문은 緗紙로 쓰여 있다.

哉.【其詩曰, 倭酋盤據若蜂屯, 流毒生靈不忍聞, 兵馬散亡難作戰, 城闉板蕩惜遺文, 天皇廣德極藩國, 小子微誠在致君, 單騎入巢開利害, 片言何幸靖妖氛.】同事諸公, 兼指揮張汝翼·趙膺孚·葉伯明·王椒·楊先, 參軍金相祖·陳文彥·周于中·金依祥·虞膺鰲·吳明揀·劉守信, 朝鮮觀察使洪世泰, 節度使申磼, 向導僉知崔遇, 部將金龜長, 成川判官朴震男, 陽德知縣洪龜祥, 通事柳宗伯·李膺·李德年, 皆同功之人也. 萬曆癸巳仲春卄四日, 大明浙江紹興府山陰滄洲馮仲纓書. 天將宋大斌, 廣德人, 詩以美之曰, 雪霽名花縣, 春回細柳營, 喜傳前部捷, 好緩後援兵, 皷角山城靜, 烽烟海宇清, 願言諸父老, 從此任歸耕, 自註云殘倭敗遁, 猛師出陽德縣, 賦此爲洪大尹贈. 當是時, 天將之東援者, 試劍橫槊之餘, 往往有揮毫弄墨之勝, 如捴兵王繼陽之題詩敬止堂也. 有武城言偃興絃誦, 蜀地文翁闢教聲之句. 敬止堂在㟱谷府之緗紙坊,其淋潘尙今不沫, 又聞護軍都尉古書順興府之君子亭, 有西壁垂紅東方旣白之語, 而失其名云.

36. 재궁동

　재궁동齋宮洞은 연천현漣川縣 동쪽 20리에 있으며 1개의 큰 무덤이 높이 솟아 있는데, 돌짐승의 비늘이 우거져 있으니 곧 원 순제元順帝의 기황후奇皇后 능이었다. 황후가 고국에 장사 지내기를 원하여 이곳에 장사를 지낸 것이다. 주변에는 갈씨葛氏·마씨馬氏·검씨黔氏 3개의 무덤이 있는데 세속에 전하기를 원나라의 궁인이 기황후를 따라와서 장사 지낸 것이라 하였다. 기황후는 고려 총랑摠郎 기자오奇子敖의 딸이다. 간택되어 원나라로 들어가 태자 애유식리달랍愛猷識理達臘[79]을 낳고 마침내 황후에 책봉되었다. 원 순제가 태자 시절에 연좌되어 고려의 대청

---

79) 원 소종元昭宗이다. 원나라의 12대 황제이며 1370년에 즉위했으나 명나라의 침공으로 카라코룸까지 후퇴했다. 이후 중원 수복을 노렸으나 실패하고 1378년에 세상을 떠났다.

도 大靑島로 유배를 가서 고려에서 궁실宮室을 지어 주었는데 푸른 기와로 덮고, 금보金寶로 장식하여 지극한 뜻으로 받들었다. 이윽고 돌아가 황제가 되자 고려 기씨 여인을 황후로 받아들였다. 이 당시에, 군신 중에 쟁론하는 자가 있었는데 듣지 않았다고 한다. 대청도는 지금 장연현長淵縣의 바다 가운데에 있고, 그 궁터는 아직도 자취가 있어서 간혹 원나라 때의 유물을 얻을 수 있다.

【原文】

齋宮洞在漣川縣東二十里, 有一大塚穹然, 而石獸鱗甲森森, 卽元順帝之奇皇后陵也. 皇后願葬故國, 故葬乎此. 傍有葛氏馬氏黔氏三墓, 俗傳元宮人從奇后葬云. 奇皇后者, 高麗揔郞子敖之女也. 選入元, 生太子愛猷識理達臘, 遂冊爲后. 元順帝在太子時, 坐流高麗之大靑島, 高麗建宮室, 覆以碧瓦, 飾以金寶, 極意以奉之. 及還而爲帝,納高麗奇氏女爲后. 其時羣臣有爭之者而不聽云.
大靑島在今長淵縣之海中, 其宮址尙有可蹟者,
或得元時遺物.

37. 금오산

　금오산金鰲山은 조선 계림 남쪽 6리에 있으며, 지금의 경주부慶州府는 신라의 옛 도읍지이다. 산 서쪽에는 신라 때 비상곡수飛觴曲水의 장소가 있는데 '포석정鮑石亭'이라고 하였으며 돌을 다듬어 전복 형상으로 만들었다. 그 위는 '구성대九聖臺'라고 하는데 9명의 왕이 노닌 곳이다. 그 아래는 '서출지書出池'라고 하며 신라 때 어떤 사람이 연못에서 나와 글을 바치며 나라의 변고를 알렸다고 하여 그런 이름이 생겼다. 그 남쪽은 '봉생암鳳生巖'이며 신라 때 정치와 교화가 아름다워 봉황새가 날아와 울었다. 그 북쪽은 '상서장上書莊'이며 신라 최치원崔致遠의 유허遺墟가 있다. 고려의 왕 왕건이 일어났을 때 최치원은 삼한이 통일될 것을 알고 글을 올려 축하하였다. 그 왼쪽은 '창림사昌林寺'이며 탑비가 있는데 신라 김생金生이 글씨를 썼다. 당 희종僖宗 건부乾符 원년(874) 신라의 최치원이 당나라에서 급제하여 시어사侍御史가 되었고, 광계光啓 원년(885) 사명使命을 받들고서 귀국하였는데 나이가 28세였다. 동년이었던 고운顧雲이 시를 지어 주었다.

> 내 듣건대 바다 위에 세 마리의 금오가 있다는데,
> 금오는 머리에 높은 산을 이었다네.
> 그 곁에 한 점의 푸른 계림이 있고,
> 금오산이 잉태하여 빼어난 인재 낳았구나.

我聞海上三金鰲
金鰲頭戴山高高
傍邊一點鷄林碧
鰲山孕秀生奇特

원나라 승지承旨 조맹부趙孟頫의 창림사비昌林寺碑의 발문跋文에서 이르기를 "위의 글씨는 당나라 때 신라의 승려 김생이 쓴 신라국의 창림사비이며 자획

字畫이 매우 전형典刑이 있으니, 비록 당나라 사람의 유명한 각본刻本이라도 이보다 더 뛰어나지 못할 것이다. 옛말에 이르기를 '어느 땅인들 인재가 태어나지 않겠는가'라고 하였는데 믿을 만하다"라고 하였다. 송 휘종 숭녕崇寧 연간에 고려 사신 홍관洪瓘이 김생의 행초行草를 가지고 송나라로 들어가 대조待詔 양구楊球·이위李韋에게 보여주며 말하기를 "이것은 신라의 김생의 글씨입니다"라고 하였다. 양구와 이위가 놀라 말하기를 "오늘 왕우군王右軍[80]의 친필을 보게 될 줄 생각지도 못했습니다. 왕우군을 제외하고 어찌 이와 같은 빼어난 필체가 있습니까"라고 하였다. 최치원은 속세로부터 도망친 사람인데 고려의 부자묘夫子廟에 배향되었으니 지나친 일이다. 그러나 동쪽 변방의 이인夷人으로서 고변高騈을 도와서 황소黃巢를 토벌하는 격문의 초안을 써서 천하에서 전하고 외우지 않는 이가 없으니, 또한 뛰어나다고 할 만하다. 내가 일찍이 신라 서운사비棲雲寺碑를

---

80) 동진의 서예가 겸 관료였던 왕희지王羲之를 가리킨다.

보았는데 한림학사 최인연崔仁渷[81]이 짓고 김생이 글씨를 썼다고 하였다. 비는 처음에는 조선 봉화현奉化縣 태백산에 있었으나 사람들은 전혀 알지 못하였다. 명나라 사신 중에서 이를 구하는 자가 있어서 비로소 드러나게 되었다. 관아로 옮겨지고서 탁본을 뜨는 자가 많아져서 아전이 그 고통을 견디기 어려워 밀쳐내어 마구간에 있게 되었다고 한다. 세간에 이르기를 서운사비가 창림사비보다 뛰어나다고 하니, 조맹부가 그것을 보지 못한 것이 애석하도다.

【原文】

金鰲山在朝鮮雞林南六里, 今爲慶州府, 新羅古都也. 山西有新羅飛觴曲水之所, 曰鮑石亭, 鍊石作鮑魚狀. 其上曰九聖臺, 九王所游賞. 其下曰書

---

[81] 최인연(868~944)은 신라 말~고려 초의 문장가로 본관은 경주이다. 후에 최언위崔彦撝로 개명하였다. 고려 태조가 그를 등용하여 태자의 사부로 삼고 문필에 관한 업무를 맡겼으며 당시 궁원의 편액을 모두 그가 썼다고 하였다.

出池, 新羅時, 人從池中出, 獻書告國變故名. 其南曰鳳生巖, 新羅時, 政淳化美, 鳳鳥來鳴. 其北曰上書莊, 新羅崔致遠遺墟. 高麗王王建之興, 致遠知統合三韓, 上書獻賀. 其左曰昌林寺, 有塔碑, 新羅金生筆. 唐僖宗乾符元年, 新羅人崔致遠入唐登第, 爲侍御史, 光啓元年, 奉使歸國, 年二十八. 同年顧雲贈詩曰, 我聞海上三金鰲, 金鰲頭戴山高高, 傍邊一點鷄林碧, 鰲山孕秀生奇特. 元承旨趙孟頫昌林寺碑跋曰, 右唐新羅僧金生所書, 其國昌林寺碑, 字畫深有典刑, 雖唐人名刻, 無以遠過之也. 古語云何地不生才, 信然. 宋徽宗崇寧中, 高麗使洪瓘, 携金生行草入宋, 示待詔楊球・李韋曰, 此新羅金生書也. 球・韋駭曰, 不圖今日得見王右軍手書. 除右軍, 焉有妙筆如此者哉. 崔致遠逃空者也, 高麗配夫子廟, 汰哉. 以東鄙夷人, 佐高駢草檄討黃巢, 天下莫不傳誦, 亦可謂拔乎萃也. 余嘗見新羅棲雲寺碑, 曰翰林學士崔仁渷撰, 金生書. 碑始在朝鮮奉化縣之太白山, 人不甚知. 明詔使有求之者, 始顯焉. 運置官廨, 乞印者又多, 吏不堪其苦, 推以爲馬棧云, 世謂棲雲碑勝昌林, 惜不令趙孟頫見之也.

38. 양릉정

양릉정陽陵井은 조선 개성부開城府 남쪽 8리 회빈문會賓門 밖에 있다. 물은 매우 맑고 차가우며, 깊이는 두레박 줄을 쓰면 100여 척이었는데도 오히려 마르지 않아서 돌에 새기고 벽돌을 쌓았으니 일명 '풍천楓川'이라 하였다. 명나라 고황제高皇帝가 홍무洪武 3년(1370)에 조천궁도사朝天宮道士 서사호徐師昊를 보냈는데, 고려에 도착하여 산천에 제사를 지냈다. 그 축문에서 다음과 같이 말하였다.

황제가 조천궁도사 서사호를 보내셔서 고려의 수산首山 및 여러 산의 신과 수수首水 및 여러 강의 신에게 제사 지냅니다. 고려는 해동海東에 자리하여 산세가 광대하고 수덕水德이 왕성하니 실로 모두 신령스러운 기운이 모인 곳입니다. 그러므로 국토를 평안케 하고 임금이 대대로 부귀를 누리며 중국을 높임으로써 생민生民을 보전하게 하는 데에 신神의 공이 큽니다. 짐은 포의布衣의 신분으로 일어나서 지금 천하를 통일하여 정통正統을 계승하였는데, 이즈음 고려가 표문表文을 받들어 신하라고 칭하였으니, 짐이 그 정성을 기뻐하여 이미 왕에게 작위를 봉하였습니다. 옛 법전을 상고하건대 천자는 산천 제사에 있어서 어느 지역이나 통하지 않음이 없으므로 사신을 보내어 삼가 희생과 폐백을 받들어 제사 지내며 신령께 아뢰니, 신께서는 살피소서.

서사호가 또 비석을 싣고 와서 도성 남쪽 풍천이 어디인지 묻자, 양릉정이라고 대답해주었다. 서사호가 비석을 세웠으니 그 비문에서는 다음과 같이 말하였다.

홍무 3년 봄 정월 3일 계사일에 황제께서 봉천전奉天殿에 거둥하셔서 군신들의 조하朝賀를 받으시고 말씀하시기를, "짐은 천지와 조종朝宗께서 보살펴 도와준

것에 힘입어 신민臣民의 위에 자리하게 되었으니 교묘郊廟와 사직社稷으로부터 악진岳鎭과 해독海瀆의 제사에 이르기까지 공경하게 하지 않을 수 없다. 최근에 고려에서 사신을 보내 표문表文을 올려 신하임을 칭하였으며 짐이 이미 그 왕을 책봉하여 고려의 국왕으로 삼았으니, 그 나라 영토 안의 산천도 이미 우리의 관할로 귀속되었다. 여러 고전을 상고해보건대 천자의 망제望祭는 비록 통하지 않는 곳이 없다고 하였으나, 실제 예를 행할 때 공경히 했다는 것은 듣지 못하였다. 지금 마땅히 희생과 예물을 갖추어 조천궁朝天宮의 도사인 서사호를 파견하여 먼저 가게 해서 신령들에게 보답하고자 한다"라고 하셨습니다. 예부상서 신臣 최량崔亮은 황제폐하의 뜻을 공경히 잘 받들고 조심하면서 신 서사호에게 정성을 다하여 몸을 깨끗이 하고 기다리라고 하였습니다. 그리하여 황제께서 7일 동안 목욕재계하시고 몸소 축문祝文을 지으셨으며, 10일 경자일에 이르러 황제께서 조회에 나오셔서 신 서사호에게 향을 주시고 명하여 가라고 하셨습니다. 신 서사호는 4월 22일 고려에 도착하여 성城의 남쪽에 제단을 세우고,

5월 정유일에 고려의 수산인 대화악大華嶽의 신神 및 여러 산의 신, 수수인 대남해大南海의 신과 여러 강의 신에게 경건하게 제사를 드려, 예를 사용하여 완성을 알리는 바입니다. 신 서사호가 듣기에, 제왕이 백성을 부지런히 다스리면 반드시 신에게도 공경하게 한다고 합니다. 공경하게 생각하건대, 황상께서는 천명을 받아 정통을 크게 계승하여 사해四海의 안팎이 모두 신하로서 복종하였으니, 넓은 하늘 아래 함께 아무 걱정 없고 편안한 다스림을 함께 향유하시기를 생각하시어 신臣 서사호를 파견하시어 신에게 제사를 지내도록 하셨습니다. 신께서 감응하시게 되면 반드시 고려 국왕에게 도움을 주어 대대로 그 영토를 보전하게 해 줄 것이며, 비와 바람이 때에 맞추어 내려 주심으로써 해마다 곡식도 풍년이 들어 백성들도 편안한 다스림을 얻게 될 것입니다. 성스러운 천자께서 모두를 평등하게 똑같이 사랑하시는 뜻을 전부 다 드러내기 위하여 이에 돌에 글을 새겨 영원토록 전하며 보이도록 하려고 합니다. 신 서사호가 삼가 적습니다.[82]

---

82) 양릉정의 비석에 대한 기록은 『고려사』에 기재되어 있다. (『고려사』 권42, 세가42, 공민왕 19년 4월 22일 기사 참고)

내가 들으니, 조선 단천부端川府 현덕산懸德山 정상은 네 모퉁이가 가파르면서도 가지런하여 마치 성곽과도 같아서 큰 바다처럼 축적된 기운이 항상 여기에 머물러 있었는데, 한쪽 면은 사람이 겨우 통과한 흔적이 있었고 쇠못이 서까래처럼 거의 2척이 드러나 있었으니, 대개 서사호가 기운을 보고 누른 것이라고 하였다. 그러나 서사호는 북방을 두루 가지 않았으며 200년 뒤에 홍타이지가 장백산 아래에서 일어날 것을 알지 못하였다. 조선 명악名岳의 영령이 새어나가는 바람에 장수의 재능을 가진 인재가 태어나는 것과 홍타이지를 막는 것을 하지 못했으므로, 이는 서사호가 저지른 2개의 실수라지만 운수란 달려있는 것인데 서사호가 무슨 상관이 있겠는가.

【原文】

陽陵井在朝鮮開城府南八里會賓門外, 水甚淸冽, 深費繘百餘尺, 猶不窮, 刻石爲甃, 一名楓川. 明高皇帝洪武三年，遣朝天宮道士徐師昊，至高麗祭山川．其祝曰，皇帝遣朝天宮道士徐師昊，致祭于高麗首山及諸山之神首水及諸水之神，高麗爲國，奠于海東，山勢磅礴，水德汪洋，實皆靈氣所鍾，故能使境土安寧，國君世享富貴，尊慕中國，以保生民，神功爲大．朕起自布衣，今混一天下，以承正統，比者高麗奉表稱臣，朕嘉其誠，已封王爵．考之古典，天子於山川之祀，無所不通，是用遣使，敬將牲幣，修其祀事，以啓神靈，惟神鑒之，師昊又載碑而來，問都城南楓川何地，乃以陽陵井對，師昊竪碑．其文曰，洪武三年春正月三日癸巳，皇帝御奉天殿，受羣臣朝．乃言曰，朕賴天地祖宗眷祐，位於臣民之上，郊廟社稷，以及岳鎮海瀆之祭，不敢不恭．邇者高麗遣使奉表稱臣，朕已封其王爲高麗國王，則其國之境內山川，旣考職方，考諸古典，天子望祭，雖無不通，然未聞行實禮達其敬者．今當具牲幣，遣朝天宮道士徐師昊前往, 用答神靈, 禮部尙書臣崔亮, 欽承上旨惟謹, 乃諭臣師昊致其誠潔以俟, 於是上齋戒七日, 親製祝文, 至十日庚子, 上臨朝, 以香授臣師昊, 將命而行, 臣師昊以四月二十二日至國, 設壇城南. 五月丁酉. 敬行祀事於高麗之首山大華岳神及諸山之神, 首水大南海神及諸水之神, 禮用告成. 臣師昊聞帝王之勤民者, 必致敬於神, 欽惟皇上受天明命, 丕承正統, 四海內外, 悉皆臣屬, 思與溥天之下, 共享昇平之治, 故遣臣師昊, 致祭于神, 神旣歆格, 必能庇其國王, 世保境土, 使風雨以時, 年穀豐登, 民庶得以靖安, 庶昭聖天子一視同仁之意, 是用刻文于石, 以垂示永久, 臣師昊謹記. 余聞朝鮮端川府懸德山上頂, 四隅峻整若城郭, 溟渤積宿之氣, 常逗於此, 而一面僅通人跡, 有鐵釘如椽, 露幾二尺, 盖徐師昊望氣壓勝云. 然師昊未能遍北方, 故不知後二百年, 洪陁始起於長白山下, 虐洩朝鮮名岳之靈, 俾不得產將帥之材, 以遏洪陀始, 於是師昊兩失之焉. 然運數攸係也, 師昊何有哉.

39. 조령

조령鳥嶺은 곧 충청도와 경상도의 경계이다. 암석은 깎아지는 듯하고 기세는 성대하며, 서로 요충지를 맞대고 스스로 성곽을 이루고 있다. 또한 고개 등성마루부터 북쪽으로 충주忠州의 노루목에 이르면 비로소 평탄하게 길이 나오고, 남쪽으로 본현本縣의 견탄犬灘에 이르면 비로소 평원平原이 나온다. 그 사이의 100여 리에는 겹겹이 높은 봉우리가 솟아 있고 돌길이 거칠고 험하다. 세속에서 전하기를 삼한三韓 시절에 흥달興達이 여기에 성을 쌓고 스스로 굳게 지켰는데, 소위 고사갈이성高思葛伊城이 이것이라고 하였다.[83] 중문中門 밖 동쪽 기슭의 깊은 계곡 안에는

---

83) 여기서 삼한 시절은 후삼국 시대를 가리킨다. 고사갈이성은 지금의 경상북도 고령이며, 그곳의 성주 흥달은 927년

어류동御留洞이 있는데 안은 넓고 바깥은 좁아 수만 명을 수용할 만하니 진실로 천험天險의 땅이다. 만력萬曆 임진년에 제독 이여송이 이곳을 지나면서 시를 지었는데 "조령의 험준한 봉우리가 100리나 뻗어 있어서 분명 하늘이 한韓을 보호하려 만들었구나"라고 하였다. 이어서 탄식하기를 "이처럼 험준한 곳이 있는데도 지켜야 함을 알지 못하였으니 신총병申摠兵이 지모가 없었음을 알 만하구나"라고 하였다. 총병 신립申砬은 북방의 명장이었는데 처음 왜적을 맞닥뜨렸을 때 조령을 지키지 않고 조령을 넘게 하여 평야에 진을 쳤다가 결국 패하고 말았다. 애석하도다.

에 고려 태조에게 귀부하였다. (『고려사』 권92, 열전5, 「제신諸臣」)

규장각 소장 「해동지도」(古大4709-41-v.1-8) 중 조령 부분.

【原文】

鳥嶺卽湖西嶺南之界也. 石角巉巖, 氣勢磅礡, 相對控扼, 自作城郭. 且自嶺脊, 北抵忠州之獐項, 始出坦途, 南至本縣之犬灘, 始得平原. 其間百餘里, 疊嶂崒嵂, 石路崎嶇. 俗傳三韓時, 有興達築城於此以自固, 所謂高思葛伊城卽此也. 中門外東麓深谷中, 有御留洞, 內寬外窄, 可容數萬人, 眞天險之地也. 萬曆壬辰, 提督李如松過此有詩曰, 鳥嶺嵯峨百里長, 分明天作護韓邦. 因歎曰, 有險如此而不知守, 申捴兵可謂無謀云. 申捴兵砬, 北方之名將也, 初當倭, 不守鳥嶺而使之踰嶺, 陣于平野, 遂見敗. 惜哉.

■ 역자 이승준 李丞埈

동국대학교 대학원에서 한국사학 석사학위를 취득했다.
서울역사박물관, 국립중앙박물관에서 연구원으로 근무했으며
현재는 국립고궁박물관 연구원으로 근무 중이다.
석사 논문으로 「18~19세기 조선 지식인의 북방강역 인식과 故土 회복 의식」(2015)을 썼고,
역서로는 『동국지리변』(2018), 『연경재 성해응의 역사변증 연구』(2022)가 있다.

초판인쇄	2025년 2월 20일
초판발행	2025년 2월 25일
옮긴이	이승준
발행인	권호순
발행처	시간의물레
주소	경기도 파주시 숲속노을로 150, 708-701
전화	031-945-3867
팩스	031-945-3868
전자우편	timeofr@naver.com
홈페이지	http://www.mulretime.com
블로그	http://blog.naver.com/mulretime
ISBN	978-89-6511-484-0 (93910)
정가	15,000원

* 잘못된 책은 바꾸어 드립니다.